Paul Liekens

NLP UND SPIRITUELLE ENTWICKLUNG

Aurum Verlag

Die niederländische Originalausgabe erschien unter dem Titel „NLP en spirituele ontwikkeling" im Verlag Ankh-Hermes, Deventer.

Ins Deutsche übersetzt von Hildegard Höhr in Zusammenarbeit mit Theo Kierdorf.

Umschlaggestaltung: Jutta Kümpfel
Titelfoto: Premium Stock Photography

Die Deutsche Bibliothek – CIP-Einheitsaufnahme

Liekens, Paul:
NLP und spirituelle Entwicklung / Paul Liekens.
[Ins Dt. übers. von Hildegard Höhr in Zusammenarbeit mit Theo Kierdorf]. -
Braunschweig : Aurum-Verl., 1998
Einheitssacht.: NLP en spirituele ontwikkeling <dt.>
ISBN 3-591-08421-2

1998
ISBN 3-591-08421-2

Gesamtherstellung: Westermann Druck Zwickau GmbH

Inhalt

Einleitung **7**

Woher kommen Sie? Wo stehen Sie jetzt? Wohin gehen Sie? **11**

Wie weit ist es zum Paradies? **15**

Der Schnuller **19**

Katz und Maus **21**

Von innen nach außen verbannt **26**

Die gute Nachricht **29**

Das häßliche Entlein und Ihr Lebensziel **34**

Die sechs logischen Ebenen **38**

NLP als Tor zu Ihrem Lebensziel **40**

Was wollen Sie werden? Was ist Ihr Lebensziel? **43**

Wie haben Sie sich bisher selbst behindert? **48**

Was ist Ihre Aufgabe in diesem Leben? **51**

Ankern **60**

Eine Schatzsuche in Ihrer Vergangenheit **64**

Eine neue Reaktionskette installieren **67**

Wie Sie Ihr Organisationstalent nutzen können, um Ihr Lebensziel zu erreichen. **71**

Mit den Derwischen tanzen oder Geld verdienen? **74**

Ist spirituelle Entwicklung überhaupt von Bedeutung für Sie? **81**

Sie würden zwar gern, tun es aber nicht. **88**

Sie möchten mehr Zeit zum Meditieren haben? **93**

Noch einfachere Methoden der Transformation **98**

Automatismen in der Spiritualität: Fluch oder Segen? **102**

Ein Paradies zum Mitnehmen **104**

Sind Sie wirklich von Ihrer Mission überzeugt? **108**

Eine Reise zu Ihrer Empfängnis und zurück **112**

Von oben nach unten **115**

Noch einmal Arbeit an der Mission **117**

Zum Abschluß **121**

Einleitung

Dieses Buch wurde geschrieben, um die enge Verbindung zwischen materiellem und spirituellem Wachstum auf einfache und neuartige Weise zu erklären.

Der Autor hat auf vielfältige Weise mit jahrhundertealten spirituellen Weisheitslehren Bekanntschaft gemacht, die sein Leben beeinflußt und geprägt haben und denen er hier Ausdruck zu geben versucht.

Sie werden in diesem Buch auf Übungen stoßen, mit deren Hilfe Sie verborgene Informationen aus Ihrem Unbewußten zutage fördern und so zu größerer Klarheit bezüglich Ihres Lebensziels und Ihrer persönlichen spirituellen Entwicklung gelangen können.

Wenn Ihnen dann etwas klarer geworden ist, welche Aufgabe Sie in Ihrem Leben haben, kann das Buch Ihnen auch bei der Beseitigung der Hindernisse helfen, die Ihnen bisher beim Erreichen Ihrer Ziele im Wege standen. Diese Hindernisse befinden sich vor allem in Ihnen selbst, im riesigen Labyrinth Ihres Unbewußten.

Für Leser, die nur wenig oder noch gar nichts über NLP (Neurolinguistisches Programmieren) wissen, werde ich nun kurz skizzieren, was es damit auf sich hat. NLP ist eine Methode, mit deren Hilfe Sie die unzähligen Schätze im Labyrinth Ihres Unbewußten kennenlernen können. Allerdings bringt dieses Eindringen ins Unbewußte auch einige Gefahren mit sich.

Das „Neuro“ in der Bezeichnung Neurolinguistisches Programmieren (NLP) bezieht sich auf die Zentrale unseres Nervensystems, auf unser Gehirn, das äußere Impulse in Bilder, Geräusche und Gefühle umsetzt. „Linguistisch“ bedeutet „sprachwissenschaftlich“ und bezieht sich in diesem Zusammenhang auf die sprachlichen Mittel, die wir benutzen, um auszudrücken, was in uns vorgeht, und mit denen wir auch unserem Nervensystem bewußt Impulse geben können. „Programmieren" bezieht sich im NLP auf das Ordnen der empfangenen Information, also auf das Programm, mit dem wir durch das Leben gehen und das für die Qualität unserer Erfahrungen ausschlaggebend ist.

Kurz gesagt ist NLP eine Art Leitfaden über die Funktionsweise unseres Gehirns. Dieser Leitfaden konfrontiert uns mit Dingen, die äußerst schockierend auf uns wirken und alles auf den Kopf stellen können, wenn uns wirklich klar wird, was sie beinhalten. Es verhält sich damit wie mit der Entdeckung spiritueller Gesetzmäßigkeiten. Deshalb brauchen die meisten Menschen einige Zeit, um die Bedeutung des NLP völlig zu erkennen – um zu begreifen, daß NLP wahrscheinlich einer der wichtigsten westlichen Beiträge dieses Jahrhunderts zur Weiterentwicklung des menschlichen Bewußtseins ist. Westliche Wissenschaftler wie Albert Einstein, der die Physik revolutionierte, und östliche Heilige wie Vivekananda, der Anfang dieses Jahrhunderts anläßlich einer Konferenz der Weltreligionen die USA besuchte, wenden sich mit ihren Erkenntnissen an das menschliche Denkvermögen. Doch läßt sich allein durch eine Beeinflussung des Denkens wirklich eine Veränderungen des Bewußtseins erreichen? Auch dem neuen ganzheitlichen Denken der heutigen Naturwissenschaften ist es bis heute nicht gelungen, das menschliche Verhalten grundlegend zu beeinflussen.

Eine der Grundthesen des NLP lautet, daß der Wert unserer Kommunikation ausschließlich an der Resonanz abzulesen ist, die wir darauf erhalten, daß er also nicht von dem abhängt, was wir damit beabsichtigen – und mag es noch so gut sein. Es lohnt sicherlich, sich einmal Gedanken darüber zu machen, weshalb neuartige Erkenntnisse wie diese bisher verhältnismäßig wenig bewirkt haben und warum so wenige Menschen sich darum zu kümmern scheinen.

Ideen, wie der Weltfrieden herbeigeführt werden könnte, haben uns zahlreiche Denker, darunter Teilhard de Chardin, Vivekananda, Muktananda, Shitananda, Say Baba, präsentiert, und die Ansichten dieser Weisen unterscheiden sich erstaunlicherweise nicht erheblich von der ursprünglichen Botschaft Jesu Christi. Ihren Lehren liegt zweifellos die Absicht zugrunde, der Menschheit zu mehr Bewußtheit zu verhelfen. Doch warum gelingt es den Menschen nicht, dieses Ziel zu erreichen? Warum entwikkelt sich die Welt nicht so, wie es eigentlich möglich wäre? Selbst glühende Anhänger jener Heiligen, Erleuchteten und Weisen scheinen Schwierigkeiten damit zu haben, die Weisheit ihrer Lehrer in die Tat umzusetzen. Wahrscheinlich können wir diejenigen unter unseren Bekannten, die mit Kopf und Herz, mit Leib und Seele völlig kongruent für das Leben, was ihnen wichtig ist, an den Fingern einer Hand abzählen. In NLP-Kreisen kursiert der Ausspruch „Walk your talk" – auf Deutsch: „Tu, was du sagst."

Dies alles hat mich sehr nachdenklich gemacht. Das offensichtliche Ausbleiben nennenswerter Veränderungen könnte einerseits darauf basieren, daß all die verheißungsvollen Botschaften, die wir mittlerweile von verschiedensten Seiten vernommen haben, möglicherweise nicht in ausreichendem Maße der Funktionsweise der Gehirne entsprechen, für die sie bestimmt sind.

Wie hindern wir selbst uns daran, uns auf die von uns gewünschte Weise spirituell zu entwickeln?

Haben Sie schon einmal versucht, eine große Flasche kostbares Parfüm in kleinere Parfümfläschchen umzufüllen? Wenn ja, dann haben Sie wahrscheinlich festgestellt, daß dabei fast das ganze Parfüm danebenläuft und fast nichts durch die kleine Öffnung in die Flasche gelangt. Auch ich habe dies einmal erfolglos versucht. Ein paar Jahre später sah ich dann auf einem Markt, wie jemand durch einen Trichter mit einer sehr feinen Öffnung ätherische Öle in kleine Flaschen abfüllte.

Man könnte sagen, daß die Weisen und Philosophen das herrliche Parfüm der Weisheit verschwenderisch ausgegossen haben, daß es uns aber nicht gelungen ist, unsere leeren Parfümfläschchen damit zu füllen, weil uns ein geeigneter „Trichter" fehlt, mit dem wir es einfüllen können.

Ich muß freimütig zugeben, daß mir erst jetzt, nachdem ich NLP schon neun Jahre kenne, allmählich klar wird, welchen Wert diese Methode für die spirituelle Entwicklung des Menschen hat.

Erst wenn wir uns eine Weile mit NLP beschäftigt haben, merken wir, wie wenig wir bisher darüber wußten, wie das menschliche Gehirn Erfahrungen registriert, speichert, verarbeitet und wiedergibt.

Da ich das Glück habe, NLP-Ausbildungen leiten zu können, werde ich zu Beginn jeder Ausbildung erneut damit konfrontiert, wie überaus neuartig und bereichernd das ist, was NLP uns bietet. Die NLP-Methoden fördern Bewußtheit und Selbständigkeit und eröffnen uns ein größeres Spektrum von Entscheidungsalternativen. Dies weiß unsere Außenwelt nicht immer zu schätzen, doch für unsere Innenwelt ist es ungeheuer wichtig.

Woher kommen Sie? Wo stehen Sie jetzt Wohin gehen Sie?

Die gute Nachricht ist, daß wir uns tatsächlich nirgendwohin begeben müssen, wenn uns klar geworden ist, daß wir niemals anderswo gewesen sind.

Wir befinden uns immer noch im Zustand der Einheit. Wir haben uns nie von ihr entfernt. Wohin sollten wir also gehen können? Es gibt nur eine einzige Einheit. Nur ist kleinen Teilen dieses einen Bewußtseins die Vorstellung mit auf den Weg gegeben worden, sie hätten eine separate Identität, sie seien unabhängige Individuen. – Wahrscheinlich sollten die Teile so die Möglichkeit erhalten, Erfahrungen zu machen, zu wachsen und sich zu entwickeln.

Im uns bekannten Teil des Universums erweist sich immer wieder, daß alle Phänomene Bestandteile ein und derselben Struktur sind, daß alle Teile einem größeren Ganzen angehören. Das Bewußtsein dieses größeren Ganzen beeinflußt die einzelnen Teile, und die Beschaffenheit der Teile macht in ihrer Gesamtheit die Qualität des Ganzen aus.

Ein Mensch, der in einem Dorf wohnt, wird von dem Geist, der in dem Dorf herrscht, beeinflußt.

Das Dorf, das Teil einer Provinz ist, wird von dem Geist, in dem die Provinz regiert wird, geprägt.

Die Provinz ist Teil eines Landes und dieses Land beispielsweise Teil Europas. Europa ist ein Teil der westlichen Welt und die westliche Welt ein Teil der gesamten Erde. Die Erde gehört einem Sonnensystem an, das wiederum Teil einer Galaxie ist, und diese wiederum ist ein Teil des Universums. Folglich muß der Einfluß des Universums in jedem Menschen zum Ausdruck gelangen.

Es kann gar nicht anders sein, als daß die *Einheit* in jedem Individuum, in jeder „Idee" dieses einen Bewußtseins zum Ausdruck kommt. Dem Handeln jedes Menschen liegt eine Anzahl von Überzeugungen zugrunde, weniger umfassende Ideen, die sich selbst immer wieder zu beweisen versuchen, daß sie eine unabhängige Existenz haben. Auf diese Weise entsteht jene kleine Welt, die uns Menschen umgibt.

Spirituelle Entwicklung könnte im Sinne dieser Analogie beinhalten, daß wir mit zunehmender Intensität und Klarheit erfahren und erkennen, daß das Leben eine Art Spiel unseres eigenen, sich für unabhängig haltenden Bewußtseins ist.

Ist uns dies klargeworden, dann wird Spiritualität zu etwas sehr Vergnüglichem. Unser Kontakt zur ursprünglichen Einheit wird dann stärker, und es fällt uns jeden Tag leichter, unser Leben im Einklang mit unseren Zielsetzungen zu gestalten.

Unser Kontakt zur Einheit muß zwangsläufig einfach sein, denn dieselbe ist unser aller Ursprung.

Sie brauchen nur einen Blick über die Grenzen Ihrer Person hinaus zu werfen. Sie sind sich bewußt, daß Sie hier sind, und jenseits der Grenzen Ihrer Identität befindet sich der Rest des Universums.

Jeder Mensch verfügt von Natur aus über die Fähigkeit, den Kontakt zum Ganzen herzustellen. Ohne sie könnten wir unser Leben gar nicht erhalten.

Allerdings bemühen wir uns vielleicht nicht in ausreichendem Maße darum, den Kontakt zu unserem Ursprung herzustellen. Zum Schutz unseres begrenzten Verstandes vor Überlastung und um unser Überleben zu sichern, setzen wir eine Reihe von Filtern ein. Wir sind uns nur der Dinge bewußt, auf die wir unsere Aufmerksamkeit richten. Alles andere filtern wir automatisch aus. Alles Ausgefilterte gelangt sofort in unser Unbewußtes. Dies verhindert, daß wir von der Fülle der Informationen überwältigt werden.

Übung

Lesen Sie sich die folgenden Sätze nacheinander laut vor und merken Sie sich jeweils das erste Wort.

Ein Esel stößt sich gewöhnlich nicht zweimal am gleichen Stein.
Zeigen Sie mir den Weg zu dem paradiesischen Strand, von dem Sie mir erzählt haben.
Ärgere dich nicht über andere Menschen; jeder lebt in seiner eigenen Welt.
Werden sich viele Menschen ihrer Träume bewußt?
Ist das denn alles?
Es regnet, und das macht mich depressiv.
Zweck und Mittel; heiligt das eine das andere?

Legen Sie das Buch beiseite. Wenn Sie Ihre Aufmerksamkeit jeweils auf das erste Wort konzentriert haben, haben Sie wahrscheinlich alle übrigen Wörter aus Ihrem Kurzzeitgedächtnis ausgefiltert. Deshalb würde es mich sehr wundern, wenn Sie in der Lage wären, jetzt sofort der Reihe nach jeweils das vierte Wort jedes Satzes aufzuschreiben.

Wenn wir die natürliche Fähigkeit, Dinge auszufiltern, bewußt nutzen, kommen wir dem Ziel unseres menschlichen Seins automatisch näher, da uns dies hilft, mit der *Einheit* allen Seins in Kontakt zu treten.

Nun stellen Sie sich einmal vor, Sie könnten *alle* Eindrücke, mit denen Sie konfrontiert werden, ausfiltern. Dann hätten Sie *keinen* Eindruck mehr – es wäre nichts mehr da. Es gäbe dann auch nichts mehr, was Sie daran erinnern würde oder aufgrund dessen Sie erfahren könnten, daß Sie ein Individuum sind. Der Teil Ihres Bewußtseins, der sich an die Vorstellung klammert, Sie seien ein separates Wesen, würde dann nicht mehr in dieser Ansicht bestätigt.

Dieses Erlebnis ist der „höchste Augenblick", das, was auch ein aufspritzender Tropfen erlebt, wenn er in das weite Meer zurückfällt und von diesem aufgenommen wird.

Stellen Sie sich vor, Sie sind ein Tropfen, der aus dem Meer aufspritzt. Sie schweben in der Luft, werden vom Sonnenlicht geblendet und vom Wind mitgerissen. Sie sind sich völlig unsicher, was als nächstes geschehen wird. Und dann fallen Sie wieder zurück ins Meer und gehen in der himmlischen Ruhe eines mächtigen, allumfassenden Bewußtseins auf.

Ein Tropfen kann nur hinnehmen, was ihm widerfährt. Wir hingegen können uns für diesen Augenblick entscheiden, so oft wir wollen, und können sogar wieder daraus auftauchen.

Doch *wie* können wir das?

Wie weit ist es zum Paradies?

Stellen oder setzen Sie sich an einen Ort, an dem Sie den Himmel sehen können und wo Sie nicht von anderen gestört werden. Am besten ist ein Ort, wo Sie völlig allein sind und wo es sehr ruhig ist.

Schauen Sie die Wolken und den Himmel an, und konzentrieren Sie sich auf einen Punkt unmittelbar vor Ihnen. Halten Sie Ihren Kopf gerade, so daß Ihr Blick horizontal orientiert ist, und richten Sie in dieser Haltung die Augen schräg nach oben. Konzentrieren Sie Ihre gesamte Aufmerksamkeit eine Zeitlang unablässig auf diesen Punkt. Nachdem Sie dies eine Weile getan haben, richten Sie Ihren Blick auf einen Punkt hinter jenem ersten. Starren Sie also an dem Punkt vorbei, auf den Sie Ihre Aufmerksamkeit zuerst gerichtet hatten. Konzentrieren Sie auch Ihr Bewußtsein auf diesen veränderten Fokuspunkt. Atmen Sie tief aus und … genießen Sie.

Wenn wir in die Ferne starren und leer werden, verlieren wir uns im *Nichts*.

Was ist dieses *Nichts* anderes als der Ort, von dem wir kommen und den wir niemals verlassen haben? Das *Nichts* ist *Leere*, angefüllt mit höchstem Bewußtsein, mit kreativer Intelligenz. Und damit ist das *Nichts* ein Raum, in dem alles entstehen kann.

Wir sind stets da, wo unser Bewußtsein ist. Kürzlich las ich eine sehr treffende Bemerkung über die Handy-Seuche, die heute so verbreitet ist. Ein Werbeslogan der Firma GFM, die Handys vermarktet, lautete: *Mit der GFM sind Sie immer überall.* Irgend jemand hatte sich darauf folgende Entgegnung einfallen lassen: *Wenn Sie immer überall sein wollen, sind Sie immer nirgendwo.* Zur Illustration dieses Gedankens war das Bild eines telefonierenden Mannes beigefügt, der auf dem Rand eines Brunnens sitzt, während neben ihm ein kleines Mädchen ein Eis ißt. Wo war dieser Mann im betreffenden Moment?

Wie kann das NLP-Modell uns helfen, wieder „im Nichts zu verschwinden" – uns wieder mit dem Ganzen zu vereinen?

Dr. Richard Bandler, einer der Begründer des NLP, teilt die Gehirnaktivitäten grob in drei Bereiche auf, die in der folgenden Grafik durch verschiedene Tortenstücke symbolisiert werden. Die auf diese Weise dargestellten Aktivitäten sind in ihrer Gesamtheit der Beweis dafür, daß wir leben und existieren.

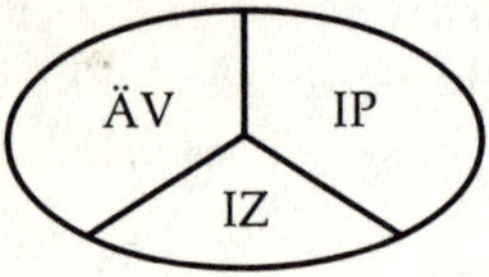

Ä V = Äußeres Verhalten (beispielsweise Sehen, Sprechen, Gestikulieren)
I Z = Innerer Zustand (ein allgemeines Gefühl, Emotionen)
I P = Innere Prozesse (Abwägen, Denken, innerer Dialog)

Wenn wir uns auf etwas außerhalb von uns konzentrieren (indem wir beispielsweise in die Ferne schauen), konzentrieren sich unsere gesamten Aktivitäten auf das Tortenstück *Äußeres Verhalten*. Allerdings kann dabei im Hintergrund zusätzlich ein vages Gefühl auftauchen (*Innerer Zustand*).

Indem wir das *Äußere Verhalten* im Nichts aufgehen lassen (durch Starren ins Nichts), wird dieses eliminiert. Übrig bleibt dann jener vage *Innere Zustand*, der mit dem *Nichts* in Verbindung gebracht wird. Jede Wahrnehmung einer individuellen Existenz verschwindet auf diese Weise. Wenn Sie die Übung in dem Bewußtsein ausführen, daß Sie automatisch wieder aus diesem Zustand zurückkommen werden, erleben Sie ein himmlisches Gefühl, das Gefühl, endlich an dem Ort angekommen zu sein, wo Sie wirklich hingehören.

Dieser Ort, diese Leere, dieses *Nichts* existiert auch in uns selbst. Wir brauchen uns nur ruhig hinzusetzen, den Geräuschen in unserer Umgebung zuzuhören, zu spüren, wie der Stuhl unseren Körper stützt, wie die Luft durch unsere Nasenlöcher einströmt, unsere Augen zu schließen und mit geschlossenen Augen den Auf- und Abwärtsbewegungen unseres Atmens zu folgen.

Lassen Sie einfach zu, daß Sie mit jedem Atemzug immer tiefer in sich selbst hineinsinken, daß Sie immer ruhiger werden, und vergegenwärtigen Sie sich, daß Sie nach einer Weile in einen Raum in Ihrem Inneren eintreten, wo nichts als Stille ist. Lassen Sie zu, daß sich Ihr Bewußtsein in dieser Stille verliert, und verschwinden Sie im *Nichts*. Auch auf diese Weise können Sie völlig in dem himmlischen Gefühl, nach Hause gekommen zu sein, aufgehen.

Wie ist dies möglich? Es ist möglich, weil wir uns immer genau an dem Ort befinden, auf den sich unser Bewußtsein konzentriert. Selbst wenn es Ihnen beim ersten Mal nicht gelingt, diesen „Ort des Nichts" zu erreichen, werden Sie vermutlich eine Ahnung davon bekommen, was es damit auf sich hat.

Wenn sich das besagte Gefühl einstellt, dann halten Sie es einen Moment aufrecht, und atmen Sie bewußt etwas tiefer. So treten Sie mühelos in den Zustand des Nichts ein. Wenn Sie später erneut auf genau diese bewußte Weise atmen, kommen Sie automatisch wieder mit dem Gefühl in Kontakt und verbinden sich erneut mit dem Nichts oder mit dem Alles – mit dem Göttlichen in sich selbst.

Je häufiger Sie dies wiederholen, desto intensiver wird das Gefühl und um so näher kommen Sie Ihrem tief inneren Kern. Irgendwann wird das Gefühl Sie ständig begleiten, und Sie stehen völlig bewußt in ständiger Verbindung zum Göttlichen in Ihrem Inneren.

Mit allem, was wir tun, streben wir letztendlich nach Zufriedenheit, Frieden und Glück. Manche Menschen mühen sich ab, um Geld, Macht und Ansehen zu erlangen, ihr Geltungsbedürfnis zu befriedigen und sich die Wertschätzung ihrer Mitmenschen zu sichern. Doch was haben wir letztendlich von solchen Bestrebungen? Ein flüchtiges Gefühl der Befriedigung oder des Glücks, begleitet von der Angst, die betreffende Errungenschaft wieder zu verlieren. Mit den beiden in diesem Kapitel beschriebenen Übungen können Sie, wenn Sie sie bewußt ausführen, das gleiche erreichen: ein herrliches Glücksgefühl, das Sie so lange genießen können, wie Sie es wünschen. Je intensiver Sie sich damit beschäftigen, um so schneller werden Sie sich in dieses Einheitsgefühl hineinversetzen können und um so tiefer wird diese Erfahrung. Zu allem Überfluß ist dies ganz einfach und kostet nichts! Das muß doch manch einem wie Musik in den Ohren klingen!

Der Schnuller

Vor etwa zehn Jahren machte ich mit einem Freund, seiner Frau und den vier Kindern der beiden einen Strandspaziergang. Ich war fasziniert von den wunderschönen Muscheln, die dort lagen. Zusammen mit der vierjährigen Tochter sammelte ich einige besonders schöne Exemplare.

Plötzlich krähte das kleinste Kind, das eineinhalb Jahre alt war und noch auf dem Arm getragen wurde, laut los und gestikulierte aufgeregt. Wir folgten dem Blick des kleinen Mädchens und sahen einen Schnuller im Sand liegen. Wir alle mußten über diesen Vorfall lachen. Mir ging der Gedanke durch den Kopf, daß jeder die Dinge sieht, die sein Bewußtsein beherrschen. Ich hatte diesen Gedanken noch nicht ganz zuende gedacht, als mein Freund mit einem Grinsen auf dem Gesicht rief: „Schau mal, ein Kondom!"

Da ich mich zum Glück gerade auf die schönen Muscheln konzentriert hatte, konnte ich meinem Freund und seiner Frau nicht ohne eine gewisse Schadenfreude die Theorie erklären, über die ich gerade nachgedacht hatte.

Unsere „Wahr-nehmung" wird von dem angezogen, womit wir uns in einem sehr weiten Sinne bewußt oder unbewußt beschäftigen. Alles, was in diesem Feld unseres Bewußtseins nicht von Interesse ist, filtern wir gewöhnlich aus. Ich möchte noch einmal ausdrücklich darauf hinweisen, daß dies ein Schutzmechanismus unseres Geistes ist.

Als ich nach dem Abschluß eines Kurses, den ich geleitet hatte, zum Parkplatz ging, sah ich dort einen roten Citroen 2CV stehen. Ich fragte mich, welchem Kursteilnehmern dieser Wagen wohl gehören mochte. Mir schien, als hätte ich das letzte „häßliche Entlein" vor Jahren gesehen. Ich hatte angenommen, dieser Autotyp sei mittlerweile völlig von der Erdoberfläche verschwunden. Da ich noch am gleichen Abend einen Vortrag in einer anderen Stadt halten mußte, machte ich mich auf den Weg. Ein Kursteilnehmer, den ich dorthin mitnahm, kann bezeugen, daß ich auf dieser 180 km langen Strecke zehn „Enten" gesehen habe, von denen vier rot waren! Offenbar hatte ich in den vergangenen Jahren Tausende von 2CVs aus meinem Bewußtsein ausgefiltert. Das „Entensyndrom" setzte sich noch etwa drei Monate lang fort: Ich sah in dieser Zeit durchschnittlich drei bis acht Enten pro Tag. Danach legte sich diese Art der selektiven Wahrnehmung allmählich wieder.

Die beiden beschriebenen Vorfälle mögen auf den ersten Blick reichlich banal wirken, doch wenn man einmal von ihrem Inhalt absieht und über den Prozeß selbst nachdenkt, nämlich darüber, wie der Auswahlmechanismus unseres Geistes funktioniert, ist das hochinteressant. Wir können diesen unwillkürlich und unabhängig von unserem Bewußtsein agierenden Mechanismus nämlich für unser persönliches Wachstum nutzen – um unsere Ziele schneller zu erreichen. Wenn wir uns beispielsweise zum Ziel gesetzt haben, uns spirituell zu entwickeln, könnten wir unsere Aufmerksamkeit ganz bewußt auf alles konzentrieren, was diese Entwicklung fördert, und gleichzeitig alles ausblenden, was sie nicht fördert oder sogar behindert.

Allerdings dürfen wir auch nicht vergessen, daß sich die Wirkung des Auswahlmechanismus nach einer Weile verflüchtigt. Deshalb müssen wir ihn in regelmäßigen Abständen erneut aktivieren. Um dies zu tun, brauchen wir unsere Aufmerksamkeit nur auf das zu konzentrieren, was uns wichtig ist, denn dann fängt unser Unbewußtes augenblicklich wie ein Jagdhund an, alles aufzuspüren, was mit dem Objekt unserer Aufmerksamkeit in Zusammenhang steht. Diese Suchfunktion, die automatisch aktiviert wird, existiert in jedem Menschen, gleich welchen Alters – und sie wird aktiv, ganz gleich, ob es um Schnuller, Kondome, Autos, Kleider oder das Thema eines Gesprächs geht... Auch Sie, liebe Leser, können sicherlich auf Anhieb viele Beispiele für dieses Phänomen nennen. Dabei sollten wir übrigens bedenken, daß unser Unbewußtes nach wissenschaftlichen Erkenntnissen pro Sekunde zwei Millionen Bytes verarbeitet!

Die bewußte Nutzung dieses phantastischen Auswahlmechanismus ist ein wichtiger Bestandteil unserer Suche, unserer Reise zu jenem Ziel, das wir uns selbst gesteckt haben.

Katz und Maus

Wir haben von Zeit zu Zeit Mäuse im Haus. Wir merken das an dem Mäusekot, den wir an bestimmten Stellen finden, an einem bestimmten Geruch an diesen Stellen, und manchmal hören wir die Tierchen auch piepsen. Da wir auch eine Katze haben, könnte man annehmen, daß die ungebetenen Gäste uns nicht lange erhalten bleiben. Doch weit gefehlt! Die Mäuse kommen sogar gerade *wegen* der Katze in unser Haus! Sie haben sich in einer kleinen Nische heimisch gemacht, in der unsere Tiefkühltruhe und unsere Waschmaschine stehen – und der Futternapf der Katze. Die Mäuse bedienen sich am Freßnapf von Mina, unserer Katze, und schleppen die Beute in ihr Versteck. Oft entdecken wir, daß eine Maus unter dem Freßnapf sitzt und piepst. Einmal sah ich die Katze fressen und hörte gleichzeitig unter dem Napf eine Maus piepsen. Ich hob den Napf hoch, weil ich dachte, daß Mina die Maus fangen würde. – Ich hätte sie ihr dann abgenommen und sie nach draußen gebracht. – Doch Mina blieb seelenruhig sitzen, rührte sich nicht und beobachtete amüsiert, wie *ich* die Maus zu fangen versuchte!

Schließlich erwischte ich die Maus mit einem Tuch, brachte sie zu einem nahegelegenen Feld und ließ sie dort frei. Als ich wieder nach Hause kam, fragte ich mich, ob ich der Maus damit wirklich einen Dienst erwiesen hatte. Bei uns hatte sie genug zu essen und genoß den Schutz unserer Katze. Draußen im Feld war ihr Leben wesentlich unsicherer...

Dann dachte ich darüber nach, warum sich Mina wohl so untypisch für eine Katze verhielt, und erinnerte mich plötzlich an eine Zeit, in der unser eineinhalb Monate altes Baby unter Atembeschwerden gelitten und nachts manchmal geweint hatte. Damals fanden wir fast jeden Morgen auf dem Boden vor dem Kinderbettchen einen toten Vogel oder eine Maus. Wir witzelten, Mina glaube vielleicht, das Baby bekäme nicht genug zu essen. Was mochte in ihrem Katzengehirn vorgehen?

Vielleicht hat Mina geglaubt, sie mache unserem Baby mit einer toten Maus eine Freude, und uns mache sie eine Freude damit, daß sie Mäuse ins Haus bringe, die wir dann fangen könnten.

Anders ausgedrückt: Mina meint vielleicht, daß wir genauso „denken" und „fühlen" wie sie. Sie identifiziert Menschen mit sich selbst. Sie meint, was „ihre" Identität ausmacht, bestimme auch die unsere, was sie interessiert und wovon sie sich ernährt, erfülle für uns die gleiche Funktion.

Dieser erstaunliche Mechanismus, *Identifikation* genannt, ist sehr wichtig. Es handelt sich dabei um die Fähigkeit, sich selbst und die eigenen Gefühle mit dem Objekt in Verbindung zu bringen, das die betreffenden Gefühle erzeugt. Durch die Identifikation werden wir eins mit dem Objekt.

Übrigens hätte ich den Identifikationsmechanismus fast als *Unsitte* bezeichnet, also nicht als Fähigkeit, weil die Identifikation weitgehend automatisch erfolgt und uns das Leben gewöhnlich eher versauert als versüßt. Es ist ungeheuer wichtig, daß wir uns dieses normalerweise unbewußten, automatischen Mechanismus bewußt werden. Dadurch gewinnt unser Leben gewaltig an Qualität, und wir erleben viel mehr Freude.

Der Mechanismus der Identifikation ist uns allen so in Fleisch und Blut übergegangen, daß viele Menschen vermutlich die größten Schwierigkeiten haben, auch nur zu begreifen, worum genau es dabei geht.

Um dies zu verdeutlichen, werde ich nun in stark verlangsamter Form den Denkprozeß beschreiben, der beim Anblick einer Spinne vonstatten geht.

Sie sehen eine Spinne. Das Bild der Spinne gelangt auf Ihre Netzhaut. Es wird an Ihren Erinnerungsspeicher weitergeleitet, wo untersucht wird, was es für Sie bedeutet. Die Information, die dort aktiviert wird, erzeugt in Ihnen ein bestimmtes Gefühl (Neugierde, Angst, Rührung, Staunen). Und dann geschieht das Wunder: Sie verbinden das Bild der Spinne mit dem Gefühl, das in Ihrem Inneren entstandenen ist. Hat das Bild der Spinne Angst in Ihnen geweckt, gelangen Sie zu der Überzeugung: „Die

Spinne ist gefährlich." Ist Verwunderung entstanden, so taucht in Ihnen der Gedanke auf: „Die Spinne ist ein wunderbares Wesen." Was immer Sie innerlich empfinden mögen, verbinden Sie mit dem äußeren Objekt, das die Empfindung ausgelöst hat.

Denken Sie einmal sehr intensiv über diesen Vorgang nach! Ich werde Ihnen dabei helfen, denn dieser gesamte Prozeß ist für unsere spirituelle Entwicklung ungeheuer wichtig.

Was ist eine Spinne? Eine Spinne ist ein kleines Lebewesen, das ein Netz spinnen kann und sich von Insekten ernährt, die sich in diesem Netz verfangen. Die Spinne hilft, das Gleichgewicht in der Natur aufrechtzuerhalten. Dadurch hilft sie indirekt auch uns Menschen zu überleben. Wenn alle Spinnen verschwinden würden, würde das Grün, von dem wir leben, durch riesige Insektenmassen vernichtet. Wir Menschen haben also allen Grund, den Spinnen dankbar zu sein.

Dies war eine rationale Argumentation, die Sie in Büchern nachlesen können. Welche Bedeutung *Sie* der Spinne geben, hängt hingegen einzig und allein von der Information in Ihrem Inneren ab, die beim Anblick der Spinne aktiviert wird. Diese Information ist immer verzerrt und unvollständig, denn sie ist durch persönliche Erfahrungen gefärbt und bei jedem Menschen unterschiedlich.

Die Information, die in uns gespeichert ist, ist nicht allgemeingültig, und objektiv betrachtet ist sie oft unwahr und tendenziell zumindest unzuverlässig. Letztlich geht es nur darum, daß durch ihr Vorhandensein in unserem Inneren ein Gefühl entsteht.

Das Objekt (in unserem Fall die Spinne) wirkt lediglich wie ein Katalysator. Es hat im Grunde nichts mit dem zu tun, was sich in unserem Inneren abspielt. Dies ist ein ganz persönlicher Prozeß.

Wenn wir diesem Identifikationsprozeß seinen Lauf lassen, uns seiner also nicht bewußt werden, wie es bei den meisten Menschen der Fall ist, machen wir uns zu Opfern der Information, die sich in uns befindet. Wir reagieren dann wie Marionetten auf alles, womit uns die Außenwelt konfrontiert.

Bei einer Spinne ist das vielleicht relativ unproblematisch, doch wir verfahren mit allen Dingen so. Hierzu noch ein anderes Beispiel:

An Ihrem Arbeitsplatz sagt ein Mann etwas zu Ihnen.

Sie nehmen das Gesagte in sich auf und suchen in Ihrem Unbewußten nach der Bedeutung.

Die Bedeutung erzeugt ein unangenehmes Gefühl in Ihnen.

Dann geschieht wieder das besagte Wunder: Sie verbinden den Mann mit dem Gefühl, das mittlerweile in Ihnen entstanden ist, und machen ihn für dieses Gefühl verantwortlich, indem Sie denken: „Was ist das doch für ein unangenehmer Zeitgenosse!"

Wenn Ihnen dieser Prozeß nicht bewußt ist, machen Sie sich von der Außenwelt abhängig. Wir können in unserer Entwicklung erst dann nennenswerte Fortschritte machen, wenn wir diesen Identifikationsmechanismus wirklich verstehen und unser Verhalten entsprechend verändern. Denn jeder Gedanke, jedes Urteil, jedes Gefühl, jede Emotion – alles, was unser Geist produziert – sagt nur etwas über uns selbst aus und über die Qualität der Information, die sich in unserem Bewußtsein befindet.

Leider ist nur wenigen Menschen bewußt, daß sie sich durch den Identifikationsprozeß völlig zum Opfer der Außenwelt machen. Indem Sie erkennen, daß Ihre Umgebung ein Resultat der Vorgänge in Ihrem Inneren ist, erhalten Sie die Möglichkeit, sich die Macht, die Sie aus den Händen gegeben hatten, wieder anzueignen. Es ist für Ihre materielle und spirituelle Entwicklung von grundlegender Bedeutung, daß Sie sich dieses Prozesses völlig bewußt werden und lernen, mit ihm umzugehen. Dabei können Ihnen die Einsichten und Techniken des NLP auf sehr simple und doch höchst wirksame Weise helfen.

Von innen nach außen verbannt

Unsere gesamte Erziehung zielt auf die Festigung des Mythos, daß wir keinerlei Einfluß darauf haben, ob wir glücklich oder unglücklich sind. Unsere gesamte Kultur basiert auf diesem Prinzip. Man vermittelt es uns schon in der Schule, und es wird durch alles verstärkt, was wir gedankenlos dahinsagen und schreiben. Auch dies möchte ich anhand eines Beispiel erläutern.

Sie sitzen entspannt auf einer Bank im Freien und hören einen Vogel singen. Sie schauen sich um und sehen, daß er direkt neben Ihnen auf einem Zweig sitzt. Sie sagen zu jemandem, der neben Ihnen sitzt: „Wie schön dieser Vogel doch singt."

Auch wenn es Ihnen nicht klar sein mag: Diese Aussage ist eine gefährliche Lüge. Sie ermöglicht, daß die in unserer Gesellschaft als allgemeingültig akzeptierte Sicht der Wirklichkeit aufrechterhalten bleibt und daß sowohl

Sie selbst als auch Ihr Banknachbar weiterhin daran glauben. Der Vogel singt nämlich gar nicht! *Sie* sind es, der die Töne erzeugt.

In Wirklichkeit herrscht zwischen dem Vogel und Ihrem Ohr Totenstille. Der Vogel erzeugt nichts weiter als Stille in Form von Schwingungen. Diese akustischen Schwingungen erreichen Sie, dringen in aller Stille in Ihr Ohr ein und treffen auf Ihr Trommelfell. Erst durch das Schwingen des Trommelfells entsteht ein Signal, das Ihr Gehirn als Pfeifen erkennt. Der einzige, der wirklich pfeift, sind also Sie selbst. *Sie* sind der Schöpfer des Pfeifens. Der Vogel bringt lediglich die Schwingungen hervor.

Mir ist aus eigener Erfahrung klar, daß diese Art grundlegenden Nachdenkens über unser eigenes Denken vielen Menschen schwerfällt. Da auch ich mich in erster Linie an dem orientiere, was ich erfahre, möchte ich allen, die Schwierigkeiten haben, dem zu folgen, was ich soeben formuliert habe, die Möglichkeit geben, eine Erfahrung zu machen.

Legen Sie dieses Buch aus der Hand, schalten Sie Fernseh- und Radiogeräte aus und konzentrieren Sie sich auf die Geräusche in Ihrer Umgebung. Hören Sie vor allem den Deutschlandfunk, den Südwestfunk, den Norddeutschen Rundfunk und Ihren örtlichen Radiosender. Deren Wellen erfüllen nämlich den gesamten Raum, in dem Sie sitzen. Was hören Sie?

Totenstille. Sie machen in diesem Augenblick die merkwürdige Erfahrung, daß alle diese Radiosender nichts anderes produzieren als Stille.

Schalten Sie nun das Radio ein, einfach irgendeinen Sender. Was hören Sie aus dem Radio? Jetzt ist es Ihnen natürlich klar: Das Radio produziert Totenstille. Zwischen dem Radio und Ihrem Ohr herrscht Totenstille, genauso wie zwischen dem Radiosender und Ihrem Ohr. Der Unterschied besteht darin, daß das Radio eine andere Art von Stille (von Schwingungen) produziert als der Radiosender. Das Radio übersetzt die Stille der Sender in eine andere Form von Stille, die unser Trommelfell auffangen und in Töne umwandeln kann.

Wer verwandelt die Schwingungen, die Stille in Musik? Richtig, Sie selbst. Der *Radiosender* ist für die Qualität der *Schwingungen* verantwortlich, *Sie* beeinflussen die Qualität der *Töne*.

Was wir über den Vogel und das Radio gesagt haben, mag harmlos klingen, doch in der Tat ist es die Spitze eines gewaltigen Eisbergs. Durch achtlose Formulierungen und durch mangelndes Bewußtsein dessen, was vor sich geht, geben wir die Verantwortung für das, was in unserem Leben geschieht, ab. Diese Gewohnheit ist so tief in uns verwurzelt, daß wir glauben, sie entspräche dem Wesen der Wirklichkeit. Wenn wir ihr beim Anblick einer Spinne oder einer Maus nachgeben, indem wir unsere Angst auf diese kleinen Tiere projizieren, geben wir der Außenwelt (in diesem Fall repräsentiert durch die Spinne oder die Maus) Macht über uns, obwohl unsere Angst in Wahrheit durch unsere spezielle Art, diese Bilder zu verarbeiten, entsteht, und nicht durch die Maus oder die Spinne.

Wenn jemand Sie anschreit, machen Sie selbst aus dieser Erfahrung eine Bedrohung – oder eben nicht. Indem wir sagen, eine Mikrobe habe uns krank gemacht, Regen mache depressiv oder jemand sei das Opfer einer Krankheit, lähmen wir uns selbst.

Das Prinzip ist immer das gleiche: Wir schieben die Verantwortung für ein Geschehen auf äußere Faktoren. Und indem wir dies tun, übergehen wir, daß die Depression oder die Krankheit ein aktiver Prozeß ist, der sich ebenso wie Geräusche in unserem Inneren manifestiert.

Solange wir die Verantwortung für die Krankheit nach außen befördern, verlagern wir auch die Verantwortung für die Heilung nach außen und sind damit von der Außenwelt abhängig. Auf diese Weise bleiben wir bis an unser Lebensende „die Dummen".

An dem Tag, an dem wir dies voll und ganz begreifen, werden wir uns wahrscheinlich ähnlich glücklich fühlen wie Albert Einstein, nachdem er die Relativitätstheorie entwickelt hatte.

Indem wir lernen, unsere angeborene Fähigkeit zur Identifikation bewußt zu nutzen, befreien wir uns nicht nur von der Macht der Außenwelt. Auch unsere spirituelle Entwicklung wird von diesem Zeitpunkt an vertieft und beschleunigt werden.

Denn auf genau die gleiche Weise, wie wir äußere Faktoren für unser Unglück verantwortlich machen, geben wir natürlich auch die Verantwortung für unser Glück ab und machen uns damit unnötig von äußeren Umständen abhängig.

Die gute Nachricht

Wir sind die Quelle unseres eigenen Unglücks und unseres eigenen Glücks, und zwar mindestens in zweifacher Hinsicht.

1. *Wir ziehen die Dinge an, die in diesem Augenblick unserem Bewußtsein und unserer Entwicklung entsprechen.*

Wenn Sie sich die Geschichte mit dem Schnuller und dem Kondom noch einmal vergegenwärtigen und daran denken, daß unser Bewußtsein wie ein Magnet wirkt, erscheint die Annahme, daß wir Dinge anziehen oder zu Dingen hingezogen werden, nicht zu weit hergeholt.

Dies bezieht sich auf alles, womit unser Geist, und zwar hauptsächlich unser Unbewußtes, angefüllt ist. Das Prinzip der Anziehung scheint um so stärker zu wirken, je bewußter sich ein Mensch dessen ist.

Es ist ungeheuer wichtig, daß wir unseren Geist und insbesondere unser Unterbewußtes von all dem alten Gerümpel, von all den Gedanken leeren, durch die wir bisher unablässig gewisse Dinge angezogen haben, mit denen wir nun nichts mehr zu schaffen haben wollen.

Ebensowichtig ist es für unsere Entwicklung, daß andere Muster an die Stelle der eliminierten Gedanken treten und in unserem Unbewußten Form annehmen. Denn unser Unbewußtes wirkt in erster Linie wie ein riesiger Magnet. Wie ich bereits erwähnt habe, verarbeitet es zwei Millionen Bytes pro Sekunde. Hingegen kann sich unser Bewußtsein nur um sieben plus/minus zwei Dinge gleichzeitig kümmern.

2. *Wir deuten die Dinge, die wir anziehen, auf unsere eigene Weise.*

Dies basiert hauptsächlich auf der Filterfunktion der Kriterien, Normen, Werte und Überzeugungen, die wir im Laufe unseres Lebens angesammelt haben und die unabhängig von unserem Bewußtsein in uns wirken. Die Interpretation, die wir mit Hilfe dieser Faktoren kreieren, veranlaßt uns dann zu einer automatischen Reaktion.

Solange wir unsere automatischen Reaktionen negieren, kommen wir in unserer Entwicklung keinen Schritt weiter. Wir *meinen* vielleicht, wir seien in Bewegung, aber in Wirklichkeit wiederholen wir immer wieder die gleichen Schachzüge. Wenn wir hingegen anfangen, unseren Reaktionen Aufmerksamkeit zu schenken, bekommen wir erstmals die Möglichkeit, uns gezielt mit unseren unbewußten Überzeugungen, den Schöpfern unserer Realität, zu beschäftigen.

Damit haben wir einen zweiten guten Grund, an uns selbst zu arbeiten und Techniken zu erlernen, die uns mehr Wahlmöglichkeiten eröffnen, unser Bewußtsein erweitern und uns freier machen. Je besser uns dies gelingt, um so näher kommen wir dem Göttlichen in uns.

Die persönliche Weiterentwicklung muß nicht immer ein Weg des Schmerzes und der Leiden sein! Dies ist nur eine Möglichkeit. Es gibt auch den Weg des Entdeckens und des freudigen Genießens der Spiritualität in ihren materiellen Manifestationen. Die Vorstellung, die Materie und das Spirituelle seien zwei völlig verschiedene, separate Bereiche, hat den Menschen jahrhundertelang einen inneren Zwiespalt aufgezwungen. Noch heute sind viele, denen Spiritualität wichtig ist, der Meinung, alles Materielle stehe einer spirituellen Entwicklung generell im Wege. Dies hat zur Folge, daß die Betreffenden ihre völlig natürlichen Bedürfnisse in geradezu ungesunder Weise unbefriedigt lassen. Da wir nun einmal in der Welt der Materie leben, können wir uns ihr nicht völlig entziehen, ohne Schaden zu nehmen. Das Verleugnen unserer materiellen, „weltlichen“ Bedürfnisse steht deshalb letztlich unserer spirituellen Entwicklung im Wege. Menschen, die so leben, *identifizieren* schließlich die Frustration ihrer die Welt des Materiellen betreffenden Bedürfnisse mit *allem* Materiellen und erklären dann, alles Materielle sei grundsätzlich gefährlich. Natürlich finden sie dann auch Tag für Tag Beweise, die diese Überzeugung stützen.

Alles Materielle ist genauso gefährlich, wie Sie es wünschen! Und alles Materielle ist genauso spirituell, wie Sie es wünschen! Es liegt völlig an Ihnen.

Wenn Sie sich vergegenwärtigen, daß alles aus dem *Einen* entstanden ist, daß es nichts gibt, was nicht aus dem einen Bewußtsein entstanden ist, dann gehört alles, was existiert, der spirituellen Dimension an. Dann gibt es nichts, was *nicht* spirituell ist.

Da unser individuelles Bewußtsein den Gesetzen der Materie entspricht und da auch seine Funktion auf diesen Gesetzen basiert, gibt es für uns eigentlich nur einen einzigen Weg zur Bewußtwerdung, nämlich den Weg der Materie: das Erfahren von Anziehung und Abstoßung, von Anfang und Ende, des einen und des anderen, der Bewegung zum einen hin und vom anderen weg.

Wäre uns ein anderer Weg zugedacht, was hätten wir dann hier auf dieser Erde verloren?

Menschen, die gegen alles Materielle ankämpfen, versuchen, sich ihrer Bestimmung als Menschen zu entziehen und Erfahrungen, die das Menschsein ausmachen, zu vermeiden.

Wie können wir das Materielle geringschätzen, wenn uns bewußt ist, daß die Funktion unseres Körpers auf zwei Millionen Anziehungs- und Abstoßungsprozessen pro Sekunde basiert? Und wie sollten wir uns als Menschen ohne unseren Körper, ohne unser individuelles Bewußtsein entwickeln können?

Wenn Sie sich vergegenwärtigen, daß das Materielle und das Spirituelle eins sind, werden Sie dem Spirituellen unablässig im Materiellen begegnen. Das Leben ist dann für Sie ein einziges großes Fest, weil die materielle und die spirituelle Dimension ganz selbstverständlich und ohne jede Mühe kontinuierlich in Ihrem Bewußtsein präsent sind.

Dann wird der spirituelle ebenso wie der materielle Aspekt Ihrer menschlichen Existenz ständig im Überfluß genährt. Dann ziehen Sie den Überfluß an und genießen in vollen Zügen alles, womit Sie in Kontakt treten. Dann ziehen Sie ohne jede Einschränkung all die Dinge an, die Sie erfreuen. Dann aktivieren Sie magische Kräfte in Ihrem Inneren, denn wir alle *sind* nach dem Bilde Gottes geschaffen und deshalb Sein Ebenbild. Wir sind die Schöpfer der Welt, die uns umgibt, so wie das All aus der göttlichen Energie hervorgegangen ist.

Ich war in meinem Leben lange Zeit ungeheuer frustriert, weil eine machtvolle Organisation das meiste von dem, was ich gern getan hätte, als gefährlich für mein Seelenheil bezeichnete. Als ich dann merkte, daß diejenigen, die mir diese Einschränkungen aufzuerlegen versuchten, selbst auf nichts von dem verzichteten, was sie mir verboten, trat in meinem Leben ein Wendepunkt ein. Ich wurde so zornig über diese Heuchelei, daß ich anfing, selbst nachzudenken, statt weiterhin andere für mich denken zu lassen.

Im Laufe der Jahre habe ich dann in zunehmendem Maße die Früchte meines eigenen Denkens geerntet, voller Verwunderung, voller Freude und vor allem voller Dankbarkeit.

Ich möchte an dieser Stelle ausdrücklich feststellen, daß es mir *nicht* darum geht, Ihnen irgendwelche konkreten Denkinhalte aufzudrängen. Ich möchte Ihnen lediglich erläutern, wie Sie sich von jeder beliebigen Art zu denken, die Sie loswerden wollen, befreien können. Ich möchte Ihnen erklären, wie Sie sich eine andere Art zu denken, die Ihre spirituelle Entwicklung beschleunigt, zu eigen machen können.

Das häßliche Entlein und Ihr Lebensziel

Wir können den unbewußten Mechanismus, der meine Aufmerksamkeit auf die „Ente" (den 2CV) konzentrierte, auch bewußt zur Verwirklichung unseres Lebensziels einsetzen. Wir müssen nur genau wissen, was wir wollen. Und NLP ist dabei ein ausgezeichnetes Hilfsmittel. *Wenn* Sie dies wollen.

Es gibt sehr viele Menschen, die wissen, was sie *nicht* wollen.

Und es gibt einige Menschen, die *vage* wissen, was sie wollen.

Aber es gibt erstaunlich wenige Menschen, die *genau* wissen, was sie wollen.

Diejenigen, die nur wissen, was sie *nicht* wollen, sind in der übelsten Lage. Das gilt vor allem, wenn sie *sehr genau* wissen, was sie nicht wollen, und Angst davor haben. Diese Menschen schenken dem, was sie nicht wollen, vermutlich sehr viel Aufmerksamkeit. Dadurch irritieren sie das Unbewußte, jenen riesigen Magneten in uns. Das

Unbewußte benutzt den Teil unseres Gehirns, der unter dem Cortex liegt – den Teil, der lediglich registriert, was wir mit unseren Sinnen wahrnehmen – was wir hören, sehen, fühlen, riechen und schmecken. Diese Wahrnehmungen können rein innerlich oder durch einen äußeren Impuls entstehen. Wenn Sie in Ihrer Erinnerung ein Bild aktivieren, reagiert Ihr Unbewußtes darauf, und diese Reaktion Ihres Unbewußten ändert sich auch nicht, wenn Sie bewußt denken: „Das will ich *nicht* sehen."

Das Wörtchen *nicht* gehört nämlich einer Art zu denken an, die unser Unterbewußtes nicht beherrscht, dem abstrakten Denken, das in einem hierarchisch höherstehenden Teil des Cortex stattfindet. Das Unbewußte gleicht einem kleinen Kind, das die Bedeutung von Negationen noch nicht kennt. Es nimmt *nicht* nicht wahr.

Übung

Stellen Sie sich vor, Sie sind beim Arzt, und dieser sagt: „Machen Sie den Mund auf und strecken Sie die Zunge heraus."

Legen Sie dieses Büchlein nun kurz beiseite und stellen Sie sich vor, wie Sie Ihre Zunge herausstrecken. Sie spüren die Kühle der Luft, sehen das Licht im Sprechzimmer des Arztes, hören seine Stimme und merken, wie sich seine Hand Ihrem Mund nähert. Sie schließen die Augen, und plötzlich denken Sie: „Er wird mir doch keine Zitronenscheibe auf die Zunge legen!"

Während Sie dies denken, schmecken Sie wahrscheinlich schon den sauren Geschmack der Zitrone auf der Zunge. Wenn Sie dies so intensiv wie möglich schmecken – wozu ich Sie hiermit auffordere –, werden Sie mit neunzigprozentiger Wahrscheinlichkeit einen leichten Schauer verspüren, und in Ihrem Mund wird sich Speichel ansammeln.

Dies geschieht unwillkürlich, obwohl Sie Ihrem Bewußtsein signalisiert haben, daß es *nicht* geschehen soll. Das registriert Ihr Bewußtsein zwar, doch werden alle Prozesse, die in Ihrem Körper stattfinden, nun einmal vom Unbewußten gesteuert, und Ihr Unbewußtes reagiert nur auf das, was es hört, sieht und spürt. Es reagiert nur auf „saure Zitrone". Wenn Sie also ständig Bilder von Dingen produzieren, die Sie *nicht* wollen, beschäftigt sich Ihr Unterbewußtes ständig mit diesen. Der große Magnet zieht dann genau die Dinge besonders stark an, die Sie eigentlich vermeiden wollen.

Einmal kam eine Klientin zu mir, die unter einer Vogel-Phobie litt. Ich behandelte sie erfolgreich mit der sogenannten „Schnellen Phobie-Technik". Als ich ein paar Wochen später nachfragte, wie es ihr nun ginge, antwortete sie, sie wisse es nicht genau, denn sie sei seither noch keinem Vogel begegnet. Ich machte die Frau darauf aufmerksam, daß sie früher jeden Tag und fast überall Vögeln begegnet sei. Als ich sie fragte, ob sie umgezogen sei oder eine andere Arbeit angenommen habe und sich deshalb nicht mehr in der gleichen Gegend aufhalte, ging ihr ein Licht auf. Sie wohnte, lebte und arbeitete natürlich immer noch dort, wo sie auch zuvor gelebt und gearbeitet hatte, nur *sah* sie die Vögel einfach nicht mehr. Als ich sie bat, sich einmal den Ablauf des vergangenen Tages zu vergegenwärtigen, merkte sie, daß sie zwar eine ganze Menge Vögel gesehen, ihnen jedoch keine besondere Aufmerksamkeit geschenkt hatte.

Wenden Sie Ihr Bewußtsein und Ihre Gedanken also besser von dem ab, was Sie nicht wollen, statt sich auf das *Nicht*-Wollen zu konzentrieren. Füllen Sie Ihr Bewußtsein stattdessen mit Dingen, die Sie wollen.

Natürlich ist mir klar, daß dies vielen Menschen nicht gerade leichtfällt. Das im folgenden beschriebene sogenannte *Outcome-Modell,* eine NLP-Methode, die dazu dient, sich ein angestrebtes Resultat so klar und intensiv wie möglich zu vergegenwärtigen, kann Ihnen in diesem Fall eine große Hilfe sein.

Wir stellen das Outcome-Modell in den Dienst unserer spirituellen Entwicklung. Dr. Richard Bandler, der geniale Begründer des NLP, hat mit diesem Modell eine Methode zur Förderung der spirituellen Bewußtwerdung geschaffen. Ich habe in meinem Leben die Voraussetzungen dafür geschaffen, daß ich mich von ihm zum NLP-Trainer ausbilden lassen konnte. Aufgrund dessen, was mir über die Lebensgeschichte Bandlers bekannt ist, vermute ich, daß die Möglichkeit, NLP für die spirituelle Entwicklung zu nutzen, eher als ein glücklicher Zufall, eine Art unvorhergesehener positiver Nebenwirkung anzusehen ist.

Stellen Sie sich einmal vor, Sie könnten Ihrer unbewußten Intelligenz ein klares Bild davon einprägen, wie Sie sich entwickeln und welches Ziel Sie erreichen wollen. Wenn Sie das getan haben, sind Sie bereits einen großen Schritt in die gewünschte Richtung gegangen.

Ist Ihr Ziel Ihrem Unbewußten erst einmal eingeprägt und der Weg dorthin in groben Zügen skizziert, dann geschieht das gleiche, was mir damals mit der Ente passiert ist: Ihr Unterbewußtes fokussiert Ihre Aufmerksamkeit auf alles, was mit Ihrem Ziel oder Ideal in Zusammenhang steht, und zieht wie ein Magnet alle Personen, Informationen und Geschehnisse an, die Ihnen helfen können, Ihr Ziel oder Ideal zu erreichen. Gleichzeitig werden alle anderen Personen, Informationen und Geschehnisse, die Sie von Ihrem Lebensziel ablenken könnten, ausgefiltert.

Allerdings verblaßt dieser Effekt allmählich wieder. Deshalb ist es nützlich, eine Art Karte anzufertigen beziehungsweise eine Vorstellung oder ein Symbol zu schaffen, das Sie sich immer wieder anschauen können, um den Kontakt zu Ihrem Lebensziel herzustellen. So können Sie in regelmäßigen Abständen *den Weg dorthin* bestärken und den Magneten erneut aktivieren.

Die sechs logischen Ebenen

Jeder Teil gehört zu einem größeren Ganzen. Innerhalb eines Ganzen gibt es Rangordnungen, wobei die höheren Ränge über die Orientierung der niederen entscheiden.

Doch auch die niederen Ebenen beeinflussen die höheren.

Der große Denker Gregory Bateson hat ein System entwickelt, demzufolge das Bewußtsein sechs logische Ebenen umfaßt. Dieses System hat Robert Dilts in das NLP einbezogen. Die sechs logischen Ebenen sind:

1. Mission, Lebensaufgabe
2. Identität
3. Überzeugungen, Kriterien, Werte
4. Fähigkeiten, Qualitäten
5. Verhalten
6. Umgebung

Daß unser Verhalten unsere unmittelbare Umgebung be-einflußt, ist wohl einleuchtend. Wenn wir unordentlich sind, sieht unser Zimmer entsprechend chaotisch aus.

Andererseits wird unser Verhalten durch unsere Fähigkeiten und Fertigkeiten beeinflußt. Wenn wir nicht musikalisch sind, treten wir auch nicht vor Publikum auf. Wenn wir schüchtern sind, posaunen wir nicht an jeder Straßenecke unsere Meinung aus.

Unsere Überzeugungen beeinflussen unsere Fähigkeiten und die Art der Fertigkeiten, die wir entwickeln. Wenn wir überzeugt sind, daß wir kein musikalisches Gehör haben, studieren wir wahrscheinlich nicht Musik und entwickeln wohl auch nicht die musikalischen Fähigkeiten, über die wir trotz unserer gegenteiligen Überzeugung verfügen.

Was „Identität" in diesem Zusammenhang beinhaltet, ist schwieriger zu beschreiben. Man könnte sagen, diese Ebene beziehe sich auf das Bewußtsein, das *dieses Leben* gewählt hat. Dieses Bewußtsein sammelt bestimmte Überzeugungen und Werte um sich und nährt sie. Und die Überzeugungen und Werte, mit denen wir uns umgeben, helfen unserer Identität, unsere Mission zu erfüllen.

Die Mission, die wir in diesem (oder für dieses) Leben gewählt haben, ist ausschlaggebend dafür, welche Identität wir benötigen, um erstere erfüllen zu können. Die Mission ist der spirituelle Weg, den zu gehen uns bestimmt ist. Die Mission beinhaltet auch, wie wir unsere Identität in den Dienst der Gemeinschaft stellen, und auf dieser Ebene hilft uns die Erfüllung unserer Mission, uns weiterzuentwickeln.

Eigenartigerweise gilt auch das Umgekehrte. Wenn Sie sich in einer bestimmten Umgebung befinden, passen

Sie Ihr Verhalten dieser Umgebung an. In Notsituationen nutzen Sie plötzlich Fähigkeiten, von deren Existenz Sie vorher nichts geahnt haben. Dadurch können sich dann wiederum Kriterien, Urteile und Überzeugungen verändern. Auf diese Weise kann bei Ihnen der Eindruck entstehen, daß Sie in einem solchen Augenblick ein völlig anderer Mensch sind, und möglicherweise wird Ihnen sogar klar, daß Sie eine Mission haben, von der Sie bisher nichts geahnt hatten.

In jedem Fall entwickelt sich alles in Ihrem Leben weiter, wenn Sie sich auf Ihre Mission und auf das spirituelle Ziel besinnen, das Sie in diesem Leben verfolgen. Je klarer Ihnen Ihre Mission ist, um so besser kann Ihr gesamtes Sein an ihrer Umsetzung mitwirken. Kriterien, die mit Ihrer Mission in Zusammenhang stehen, haben dann mehr Kraft und erhalten innerhalb Ihres Wertesystems einen höheren Stellenwert. Neue Überzeugungen, die mit diesen Kriterien in Zusammenhang stehen, breiten sich wie von selbst in Ihrem Bewußtsein aus. Alle Unvollkommenheiten, alle Gegenkräfte, alles, was die Erfüllung Ihrer Mission behindern könnte, läßt sich dann leichter transformieren.

NLP als Tor zu Ihrem Lebensziel

Im NLP gibt es ein System, das Ihnen, wenn Sie damit arbeiten, hilft, für sich selbst und die Menschen in Ihrer Umgebung alles klarer und deutlicher werden zu lassen. Es handelt sich dabei um eine Reihe von Fragen, mit deren Hilfe Sie nicht nur ein Problem oder eine Zielsetzung klarer herausarbeiten, sondern gleichzeitig auch Informationen über Hindernisse und die zu ihrer Beseitigung notwendigen Ressourcen herauskristallisieren können.

Außerdem hilft uns dieses System auch zu erkennen, wie wir uns bisher unbewußt selbst daran gehindert haben, unser Ziel zu erreichen. Denn wäre dies nicht so, hätten wir es längst erreicht.

Ich benutze dieses Modell unter anderem in Trainingskursen für Manager. Wenn ich frage: „Wie haben Sie sich bisher selbst davon abgehalten, das von Ihnen angestrebte Resultat zu erreichen?", beobachte ich manchmal, daß bei bestimmten Teilnehmern die Augenbrauen hochschnellen und erst Stunden später wieder in die Normalposition zurückkehren. Diese Leute nehmen nämlich meist an, daß die Hindernisse, mit denen sie sich herumplagen, allesamt äußeren Ursprungs sind (der Vogel, der singt; die Spinne, die uns Angst einjagt). Deshalb versetzt die genannte Frage sie in eine Art Schockzustand.

Die Fragen, die ich in diesem Kapitel zusammengestellt habe, sind in New-Age-Kreisen nicht besonders beliebt, weil sie dazu zwingen, sich mit beiden Füßen auf den Boden zu stellen, konkret zu werden und die Dinge, die zu tun sind, auch wirklich anzugehen.

Interessant ist, daß das englische Äquivalent zu „konkret", *concrete,* auch „Beton" bedeutet. Mit *concrete business*, also sozusagen mit einem Betonklotz an den Füßen, kann nicht einmal der glühendste New-Age-Anhänger „weiterschweben". Erst wenn wir alles völlig klar und konkret gemacht haben, können wir das Schweben voll und ganz genießen.

Das NLP-Modell, das uns helfen soll, ein gewünschtes oder beabsichtigtes Resultat zu erreichen, umfaßt vier wichtige Schritte oder Rahmen.

1. Rahmen des beabsichtigten Resultats
Deutliche Umschreibung des beabsichtigten Resultats
Das Erreichen des Ziels beweisen
Kontext: Unter welchen Umständen?
Wie wird dieses Resultat Ihr Leben beeinflussen?
Was ist das Resultat Ihres Resultats?

2. Hindernis-/Problemrahmen
Was behindert Sie?
Welchen Vorteil bringt Ihnen dieses Hindernis / Problem?

3. Ressourcenrahmen
Über welche Ressourcen oder Fertigkeiten verfügen Sie bereits?

4. Plan
Entwickeln Sie Schritt für Schritt einen Plan.

Diese Struktur ist für das Erreichen jedes beliebigen Ziels auf jeder beliebigen Ebene von unschätzbarem Wert. In der gesamten Wirtschaft wird dem möglichst effizienten und schnellen Sammeln von Informationen immer größere Bedeutung beigemessen. Dies ist nämlich ein ungeheuer wichtiger Schritt auf dem Weg zur Verwirklichung von Projekten. Wenn dieses Modell schon auf einer derart praktischen Ebene so innovativ wirkt, welche Möglichkeiten mag es uns dann im Bereich der spirituellen Entwicklung eröffnen? In den nun folgenden Kapiteln werden wir uns Schritt für Schritt damit beschäftigen, worin Ihr Lebensziel, Ihre Mission besteht, welche Hindernisse der Verwirklichung dieser Mission im Weg stehen und welche Ressourcen Sie zur Verwirklichung Ihrer Mission zur Verfügung haben. Und schließlich werden wir auch die ersten Schritte hin zu einem erneuernden Wachstum tun, das für Sie von diesem Augenblick an *selbst*-verständlicher sein wird als jemals zuvor. Dabei tut es nichts zur Sache, von welcher Ebene aus Sie sich auf den Weg machen. Wenn Sie diese spirituelle Übung durcharbeiten, werden Ihnen in jedem Fall Flügel wachsen, mit deren Hilfe Sie sich in ungeahnte Höhen aufschwingen können. Dann werden Sie größeres Vergnügen und größere Freude, aber auch tiefere Tiefen und größere Schmerzen erleben, je nachdem, auf welche Weise Sie Ihr Ziel erreichen wollen. Beide Wege sind gleichwertig, denn das Resultat ist letztendlich in beiden Fällen das gleiche.

Was wollen Sie werden? Was ist Ihr Lebensziel?

In diesem Kapitel werden wir erste Erfahrungen mit jenem persönlichen Veränderungsprozeß machen, den ich im vorigen Kapitel skizziert habe. Legen Sie Stift und Papier bereit. Gute Reise!

Rahmen des angestrebten Resultats

Klare Beschreibung Ihres spirituellen Lebensziels
Was genau wollen Sie in Ihrem Leben erreichen?
Wie sehen Sie den weiteren Verlauf Ihrer spirituellen Entwicklung?

Was für ein Mensch möchten Sie werden?
Was streben Sie anstelle dessen, was Sie jetzt haben, an?
In welcher Hinsicht wollen Sie anders sein, als Sie jetzt sind?
Was fehlt Ihnen im Augenblick noch?
Gibt es einen Menschen, der das, was Ihnen noch fehlt, bereits hat?

Wenn Sie nicht genau wissen, was Sie wollen, stellen Sie sich folgende Frage: Angenommen ich wüßte, was ich wollte, was könnte dies sein?

Beweis

1. Woran können Sie erkennen, daß Sie das gewünschte Resultat erreicht haben?

Wenn Sie schon eine Ahnung haben, in welche Richtung Sie sich entwickeln möchten, was Ihr Ziel ist, können Sie sich vorstellen, Sie hätten in dem Zusammenhang, in dem Sie sich weiterentwickeln wollen, bereits jetzt Fortschritte gemacht.

Wie sehen Sie in diesem weiterentwickelten Zustand aus? Welche Haltung haben Sie? Welche Gebärde? Achten Sie auch auf die Geschwindigkeit Ihrer Bewegungen in dieser zukünftigen Form.

Hören Sie sich etwas sagen, und achten Sie dabei auf den Charakter Ihrer Stimme, auf Ihr Stimmvolumen und auf die Pausen, die Sie beim Reden machen. Spüren Sie, wie angenehm es für andere sein wird, mit dieser Person, die Sie in Zukunft sein werden, Umgang zu pflegen.

Versetzen Sie sich nun in diese weiterentwickelte Vision Ihrer selbst hinein und fühlen Sie, was Sie in jenem zukünftigen Seinszustand fühlen werden. Es ist sehr wichtig, daß Sie genau wissen, was Sie *dann* fühlen werden, denn nur mit Hilfe dieses Maßstabs können Sie feststellen, ob Sie tatsächlich dort angekommen sind, wohin Sie gelangen wollten.

Wenn Sie mit dem Gefühl zufrieden sind, versetzen Sie sich so intensiv wie möglich in das Gefühl hinein und drücken Sie, sobald Ihnen dies gelungen ist, Daumen und Mittelfinger gegeneinander, um das Gefühl im kinästhetischen Gedächtnis Ihres Unbewußten zu verankern.

Wie genau fühlen Sie es? Wo genau in Ihrem Körper? Beschreiben Sie es in Kategorien der sinnlichen Wahrnehmung, beispielsweise als Wärme-Empfindung, in Form des Raumes, den es in Ihrem Körper einnimmt, oder als Bewegung.

2. An welchen Phänomenen, die Sie sehen, hören oder fühlen, werden Sie erkennen, daß Sie sich auf dem Weg zu dem von Ihnen gewünschten Resultat befinden und daß Sie diesem Resultat näherkommen?

Dies zu wissen ist wichtig, weil es Ihre Motivation stärkt. Es führt Ihnen nämlich vor Augen, daß Sie das Ziel tatsächlich erreichen können. Dadurch schöpfen Sie neue Energie, die Ihnen hilft, Ihren Weg fortzusetzen.

Kontext

1. Wo, wann und mit wem wollen Sie sich spirituell entwickeln?

Je näher Sie der Realität bleiben und je konkreter Sie Ihr Ziel beschreiben, um so leichter machen Sie es Ihrem Unbewußten, alles zum Erreichen dieses Ziels Erforderliche zu mobilisieren. Sie wissen ja bereits, daß das Unbewußte nur mit sinnlichen Erfahrungen etwas anfangen kann.

2. Innerhalb welchen Zeitraums soll die gewünschte Entwicklung stattfinden?

Denken Sie über diese Frage nach, und treffen Sie eine klare Entscheidung. Fügen Sie hinzu, daß es auch in Ordnung ist, wenn Sie Ihr Ziel schneller erreichen, und setzen Sie sich in jedem Fall eine maximale Zeitgrenze.

Haben Sie auch eine Vorstellung davon, in welcher Umgebung Sie sich spirituell entwickeln wollen?

Ökologie

Wie wird das Erreichen des gewünschten Resultats Ihr Leben beeinflussen?

Wie wird es sich auf Ihr Familienleben auswirken?

Wie werden Ihr Partner und Ihre Kinder auf Ihre Weiterentwicklung reagieren und darauf, daß Sie das von Ihnen gewünschte Resultat erreicht haben?

Stellen Sie sich vor, Sie haben das Resultat schon erreicht. Versetzen Sie sich in Ihre Situation, nachdem Sie den gewünschten Entwicklungsschritt bereits vollzogen haben. Erleben Sie, wie Sie selbst sich in dieser neuen Situation verhalten und wie Ihre nächsten Angehörigen auf die Veränderungen reagieren. Versuchen Sie sich auch in die Reaktionen Ihrer Arbeitskollegen und Freunde hineinzuversetzen.

Die geistige Simulation, die dieser neue Seinszustand mit sich bringt, ermöglicht es Ihnen, verborgene Widersprüchlichkeiten zu entdecken, mit denen Sie sich auseinandersetzen müssen, bevor Sie das gewünschte Ziel erreichen können. Wahrscheinlich werden Sie auch unerwartete Vorurteile entdecken, die Sie ebenfalls motivieren werden, alles zum Erreichen des Ziels Erforderliche zu tun.

Wie wird sich das Erreichen des angestrebten Ziels auf Ihre Gesundheit auswirken?

Welche Vorteile hat es für Sie, daß Sie zur Zeit noch nicht den Entwicklungsstand erreicht haben, den Sie sich wünschen?

Wenn Sie auf diese letzte Frage nicht sofort eine Antwort finden, können Sie sich ihr auch anders nähern.

Sie können sich als ein aus verschiedenen Teilen bestehendes Ganzes betrachten oder als ein Ganzes, das unterschiedliche Aspekte hat, die sich allesamt früher oder später manifestieren wollen.

Eine Grundannahme des NLP ist, daß alle Ihre Teile nichts anderes wollen, als daß Sie glücklich sind, daß sie jedoch manchmal völlig verschiedene Wege einschlagen möchten, um dieses Ziel zu erreichen.

Welcher Ihrer Teile profitiert davon, wenn Sie sich *nicht* weiterentwickeln, und welcher Teil mußte schon bei Ihrer bisherigen Entwicklung einen Nachteil in Kauf nehmen?

Dies herauszufinden ist sehr interessant, denn je mehr „Teilpersönlichkeiten" die gleiche Orientierung haben, um so reibungsloser rollt der Karren vorwärts.

Falls es tatsächlich Teile Ihrer Persönlichkeit gibt, die durch die Entwicklung, die Sie anstreben, benachteiligt werden, wäre es im spirituellen Sinne falsch, dies nicht zu berücksichtigen.

Das Resultat des Resultats

Welche Folgen hat es, wenn Sie Ihr spirituelles Ziel erreichen?

Welchen Nutzen würde es Ihnen bringen? Glück? Frieden? Glückseligkeit? Sicherheit? Harmonie?

Damit haben Sie den ersten Teil der Wegstrecke zurückgelegt. Im nächsten Kapitel werden wir uns dem folgenden Schritt zuwenden.

Wie haben Sie sich bisher selbst behindert?

Hindernis-/Problemrahmen

Was hat verhindert, daß Sie das gewünschte Resultat bereits erreicht haben?

1. Wie behindern Sie sich selbst?

Wenn Sie in Ihrer spirituellen Entwicklung eigentlich gern schon weiter sein würden, drängt sich die Frage auf, wie Sie es geschafft haben, daß dies noch nicht geschehen ist.

Tun Sie einmal so als ob: Stellen Sie sich vor, Sie wollten Ihr oben beschriebenes Ziel nächste Woche erreicht haben. Welche Bilder sehen Sie dann? Was fühlen Sie? Was sagen Sie zu sich selbst?

Welchen Kommentar geben Sie über sich selbst ab?

Welche Überzeugungen kommen in dieser Situation an die Oberfläche?

2. Wenn Sie das Resultat noch nicht erreicht haben, woran merken Sie dann, daß dies für Sie ein Problem ist?

Was fühlen Sie und wo fühlen Sie es in Ihrem Körper? Beschreiben Sie dieses Gefühl.

3. Was tun Sie anstelle dessen, was Sie tun möchten (äußeres Verhalten)?

Es ist interessant, sich einmal Gedanken darüber zu machen, was Sie stattdessen tun, denn diese Aktivitäten sind für andere Teile Ihrer Persönlichkeit von Vorteil. Indem Sie nach den Vorteilen Ihres Verhaltens suchen, werden Sie merken, welche Vorteile es für Sie hat, daß Sie Ihr Ziel noch nicht erreicht haben.

Trigger / Stimulus

Was geschieht in dem Augenblick, bevor Sie sich auf jene andere Weise verhalten?

Was Sie sehen, fühlen oder hören, kurz bevor Sie zu jenem anderen Verhalten überwechseln, nennt man den *Trigger* oder Auslöser. Wenn Sie den Trigger *kennen*, können Sie sich von der automatischen Reaktion auf denselben befreien.

Ökologie

Welchen Vorteil hat dieses Hindernis / Problem für Sie?

Werfen Sie einen Blick in die Zukunft. Stellen Sie sich vor, die Zukunft sei bereits Gegenwart. Es ist beispielsweise zehn Jahre später als heute, und Sie haben sich in spiritueller Hinsicht nicht weiterentwickelt. Welche Vorteile hätte das für Sie? Wie würde es Ihr Leben sowie Ihr Verhältnis zu Ihrer Familie und zu Ihrem Freundeskreis beeinflussen?

Ressourcenrahmen

Welche Ressourcen (Hilfsquellen) oder Fertigkeiten stehen Ihnen schon jetzt in ausreichendem Maße zur Verfügung, die Ihren Entwicklungsprozeß günstig beeinflussen könnten?
Eine Ressource ist eine Qualität, eine Fertigkeit, eine Eigenschaft oder eine positive Emotion – beispielsweise Vertrauen, Einsicht, Zeit, Kenntnisse, Mut, Disziplin, innere Unabhängigkeit, Enthusiasmus.

Welche anderen Ressourcen oder Fertigkeiten stehen Ihnen zur Verfügung, die Sie verstärken wollen?
Wenn Ihre Antwort „Ich weiß es nicht" lautet, sagen Sie zu sich selbst: „Stell' dir einmal vor, daß du es *doch* weißt... Was wäre es dann?"

Wenn eine negativ formulierte Antwort in Ihnen auftaucht, beispielsweise: „Ich will nicht mehr festsitzen", dann fragen Sie: „Was will ich *statt* festzusitzen?" Ihre eigene Vergangenheit kann Sie in Ihren Bemühungen unterstützen. Vielleicht sind im Problemrahmen oder im Ressourcenrahmen ein paar Eigenschaften aufgetaucht, die Sie benutzen oder verstärken können.

Bis hierher haben wir uns mit eher abstrakten Dingen beschäftigt, beispielsweise mit der Frage, welche Qualitäten und Fertigkeiten Sie entwickeln wollen. Eine Qualität kann man nun einmal nicht mit Händen greifen. Im folgenden werden wir uns mit den greifbarereren, meßbaren Zutaten der Spiritualität beschäftigen.

Was ist Ihre Aufgabe in diesem Leben?

Wenn Sie dieses Büchlein gekauft haben, liegt die Vermutung nahe, daß Ihre Aufgabe oder Mission darin besteht, sich spirituell zu entwickeln.

Doch was ist der Unterschied zwischen der Mission eines Menschen und seinem „Lebensziel" oder seinem „spirituellen Ziel", so wie wir diese Begriffe im vorigen Kapitel benutzt haben? Der Begriff „Mission" beinhaltet die Antwort auf die Frage: „Wie wollen Sie Ihre spirituelle Entwicklung in den Dienst der Gemeinschaft stellen?"

Wie nutzen wir das, was wir auf der spirituellen Ebene erreicht haben, praktisch? Bewußtwerdung muß zum Handeln zurückführen, so wie alles Handeln zu einer Vertiefung der Bewußtwerdung führen sollte.

Wir können uns spirituell nur weiterentwickeln, indem wir die Welt der Materie erfahren. Ihre persönliche Mission kann, muß aber nicht darin bestehen, daß Sie genau das tun, was Sie in diesem Augenblick bereits tun.

Wie können Sie Ihre Spiritualität in äußerem Handeln zum Ausdruck bringen, so daß andere Menschen angespornt werden, sich ebenfalls auf den Weg zu machen?

Die Mission eines Menschen kann sehr einfach sein und sich auf seine unmittelbare Umgebung beschränken. Sie kann aber auch weitere Bereiche beeinflussen, und bei manchen Menschen hat sie sogar eine weltweite Dimension.

Ihre Mission kann darin bestehen, daß Sie einfach so sind, wie Sie sind, oder darin, daß Sie anderen Ihr Wissen und Ihre Liebe übermitteln – in Form von Büchern, die

Sie schreiben, von Gesprächen, die Sie führen, durch Teilnahme an Kongressen, Veranstaltung von Workshops, Auftritte in Radio- und Fernsehsendungen sowie Veröffentlichungen in Computernetzwerken.

Menschen können ihre Mission im Kreise ihrer Familie realisieren, im beruflichen Umfeld, im sozialen Bereich sowie auf nationaler oder internationaler Ebene. Das Wichtigste ist in jedem Fall, daß Sie sich darüber klarwerden, worin Ihre ganz persönliche Mission besteht.

Um Ihnen zu helfen, dies herauszufinden, werden wir genau die gleiche Methode anwenden, mit deren Hilfe wir auch schon nach Ihrem Lebensziel gesucht haben. Sobald Ihnen Ihre Mission klar und deutlich vor Augen steht, machen Sie sich praktisch automatisch auf den Weg zu ihrer Erfüllung, und nichts vermag Sie dann noch zurückzuhalten.

Rahmen des angestrebten Resultats

Wie wollen Sie Ihr Lebensziel konkret in den Dienst Ihrer Umgebung stellen?

1. Was würden Sie lieber tun als das, was Sie im Augenblick tun?
2. Welche Ihrer derzeitigen Aktivitäten würden Sie gern ausweiten?
3. Welche Ihrer derzeitigen Aktivitäten würden Sie gern reduzieren?
4. Wenn Sie schon jetzt wüßten, was Sie wollten, was wäre das?

Ich möchte Ihnen nun anhand einiger Beispiele veranschaulichen, worin Ihre Mission bestehen könnte.

Sie könnten Vorträge organisieren.
Sie könnten Menschen zu besonderen Orten in der Natur führen.
Sie könnten Reisen zu besonderen Orten auf der Welt organisieren.
Sie könnten Gegenstände herstellen, die für andere eine tiefe symbolische Bedeutung haben.
Sie könnten Menschen zusammenbringen.
Sie könnten für einen kleinen oder großen Kreis schreiben und beispielsweise Gedichte veröffentlichen.
Sie könnten ein Kommunikationszentrum gründen.
Sie könnten selbst Vorträge halten.
Sie könnten sich in Ihrem beruflichen Umfeld sozial engagieren.
Sie könnten in einen anderen Beruf überwechseln, um mehr freie Zeit zu haben.
Sie könnten in einen Beruf überwechseln, der Ihnen bessere Möglichkeiten gibt, Ihre Mission zu erfüllen.
Sie könnten einfach die Person sein, die Sie sind.

Aber vielleicht wollen Sie ja etwas völlig anderes.

Wir werden nun eines dieser Beispiele für eine Mission auswählen und uns anhand dessen praktisch damit auseinandersetzen, wie durch Anwendung des beschriebenen NLP-Modells darauf die Mission klarer wird.

Erinnern Sie sich noch an meine Bemerkung, daß wir ein Ziel um so leichter erreichen, je klarer es uns innerlich vor Augen steht?

Das Beispiel: Jemand möchte Menschen zu ganz besonderen Orten in der Natur führen.

Jeweils hinter den Gedankenstrichen finden Sie die Antworten, die die fiktive Person auf die gestellten Fragen gibt. Wenn Sie mit Hilfe dieses Schemas Klarheit über Ihre eigene Mission gewinnen wollen, können Sie die Antworten ignorieren und wie in den beiden vorangegangenen Kapiteln verfahren. Aber schauen Sie sich zunächst das Beispiel an. Dies könnte Sie auf Ideen bringen.

Ziel

Was genau wollen Sie?

In welcher Hinsicht sollen die Orte besonders sein? In energetischer, künstlerischer oder historischer Hinsicht? Bezüglich der Pflanzen oder Steine, die man dort finden kann?

- Ich möchte in den Naturparks von Brabant Führungen veranstalten.
- Die Orte sollen bezüglich ihrer geschichtlichen Bedeutung und hinsichtlich ihrer Naturschönheit besonders bemerkenswert sein.

Beweis

1. Woran erkennen Sie, daß Sie an der Umsetzung Ihres Ziels arbeiten?

An welchen Phänomenen, die Sie sehen, hören oder fühlen, erkennen Sie, daß Sie Ihrem Ziel nähergekommen sind?

- Daran, daß ich mir Wanderkarten und Literatur über die betreffenden Orte gekauft habe.
- Daran, daß ich eine Liste von Interessenten habe.

– Daran, daß ich mir ein paar Tage frei nehme und diese Zeit für die Umsetzung meiner Pläne nutze.

2. Woran erkennen Sie, daß Sie Ihr Ziel erreicht haben?
– Daran, daß sich Teilnehmer für meine erste geplante Führung angemeldet haben und diese Führung auch tatsächlich stattgefunden hat.

Kontext
Wo, wann und mit wem wollen Sie dieses Resultat erreichen?
Welche Orte wollen Sie besuchen?
Wo sollen sich die schönen Orte in der Natur befinden?
An welche Art von Menschen wollen Sie sich wenden? An die allgemeine Öffentlichkeit? An Naturfreunde? An alternativ orientierte Menschen? An Therapeuten? An Manager? An Politiker?
Wann wollen Sie dies tun? An Wochenenden? Während der Ferien? Mitten in der Woche?
Wieviel Zeit wollen Sie darauf verwenden? Ihre gesamte Zeit? Einen Tag pro Woche oder pro Monat? Sechs Arbeitsphasen im Jahr?
In welchem Zeitraum Ihres Lebens wollen Sie Ihr Vorhaben durchführen? Sofort? In drei Jahren? Wenn Sie in Rente sind?
– Ich möchte mich an Wochenenden, zwölfmal pro Jahr, zusammen mit meiner Frau dafür engagieren.
– Meine Zielgruppe sind Naturfreunde und Menschen aus der unmittelbaren Umgebung.
– Ich möchte in einem Jahr damit anfangen.

Ökologie

1. Welchen Einfluß wird dieses Resultat auf Ihr Leben, auf Ihre Familie, auf Ihre berufliche Situation, auf Ihre Freunde und auf Ihre Gesundheit haben?
- Weil ich die Führungen nur einige Male pro Jahr durchführen und ich dies zusammen mit meiner Frau tun werde, werden sich diese Aktivitäten ausschließlich günstig auf mein Leben auswirken.

2. Welchen Vorteil hat es für Sie, wenn Sie Ihr Ziel *nicht* erreichen?
- Ich gehe weniger Risiken ein, und alles bleibt beim alten.

3. Welche Vor- und Nachteile hat es, wenn Sie Ihr Ziel erreichen?
- Vorteile sind: Meine Verbindung zur Erde und zu ihrem Energiesystem wird vertieft werden. Außerdem wird es mir das Gefühl vermitteln, daß ich etwas Nützliches für meine eigene Bewußtwerdung und für die Bewußtwerdung anderer tue.
- Nachteilig ist, daß ich mehr Arbeit habe und das Risiko eines Fehlschlags eingehe.

Das Resultat des Resultats

1. Was wird geschehen, wenn Sie das angestrebte Resultats erreichen?

2. Was wird das Resultat des Resultats sein?
- Wenn sich die positiven Auswirkungen eingestellt haben, die in Punkt 3 im obigen Absatz benannt werden, werde ich mich zufriedener und glücklicher fühlen.

Hindernis-/Problemrahmen

Was hat das Eintreten des gewünschten Resultat bisher verhindert?

1. Wie hindere ich mich selbst daran, das Resultat zu erreichen?
– Wenn ich daran denke, frage ich mich, ob ich tatsächlich in der Lage bin, mein Vorhaben zu verwirklichen, und ob ich wohl Erfolg damit haben werde. Dann werde ich unsicher und gebe die Idee auf.

2. Woher wissen Sie, daß dies ein Problem ist?
– Wenn ich daran denke, bilden sich Spannungsgefühle im Bereich meines Magens, und solche Gefühle habe ich häufig, wenn ich mit einem Problem konfrontiert werde.

3. Was tun Sie anstelle dessen, was Sie tun wollen (äußeres Verhalten)?
– Ich fahre einfach mit dem fort, was ich schon immer getan habe, aber später bedauere ich das dann.

4. Was sagen Sie zu sich selbst? Welche inneren Bilder sehen Sie (innerer Prozeß)?
– Ich sage mir: „Es wird sich doch niemand melden."
– Ich sehe, wie ich vergeblich auf Teilnehmer warte.

Trigger / Stimulus

Was sehen oder hören Sie im Moment vor dem Auftauchen des Problems?
– Jedesmal wenn ich ein Buch über jene besonderen Orte sehe oder etwas darüber lese, fängt es an.

Ökologie

Welchen Vorteil bringt Ihnen dieses Hindernis / Problem?

– Alles bleibt beim alten.

Ressourcenrahmen

Über welche Ressourcen oder Fähigkeiten, die Ihnen bei der Erfüllung Ihrer Mission nützlich sein könnten, verfügen Sie bereits?

– Über meine Liebe zur Natur und zur Erde, über den Drang zu einem bewußteren Leben, über meine Redegewandtheit, über Vertrauen in den Kontext meiner Arbeit, über Organisationstalent in meinem Beruf.

Welche Ressourcen oder Fertigkeiten benötigen Sie außerdem?

– Mehr Selbstvertrauen, Organisationstalent außerhalb des beruflichen Bereichs.

Plan

Entwickeln Sie Schritt für Schritt einen Plan, wie Sie das angestrebte Resultat erreichen können.

1. Verändern Sie Elemente der Problemerfahrung.

– Eine Kette neuer Reaktionen könnte entwickelt werden, die an mein Unsicherheitsgefühl gekoppelt ist (siehe Übung auf Seite 68).

2. Nutzen Sie die Ressourcen, die Sie gewählt haben.
– Mein Selbstvertrauen kann gestärkt und mit dem Trigger des Problemrahmens, dem Sehen des Buches, verbunden werden (siehe Übung auf Seite 68).
– Mein berufliches Organisationstalent kann auf meine Mission übertragen werden (siehe Übung auf Seite 72).

3. Erlernen oder erwerben Sie die Fähigkeiten/Ressourcen, die Sie benötigen.
– Ich brauche nur Informationen über die besonderen Orte in meiner Nachbarschaft.

Was ist der erste Schritt, den Sie tun werden, um dieses Resultat zu erreichen? Und wann werden Sie diesen Schritt tun?
– Ich werde die Übungen ausführen, die das Problem beseitigen.
– Ich werde dies morgen abend ab 20.00 Uhr tun.
– Ich werde zur Bibliothek gehen, um mir Bücher zu diesem Thema auszuleihen, und zwar am Samstag morgen um 10.00 Uhr.

Damit sind wir am Ende unseres Beispiels angelangt. Es vergeht keine Woche, in der ich nicht Briefe oder Telefonanrufe von Menschen erhalte, die diese Übung in einem Workshop oder in der Practitioner-Ausbildung gemacht haben. Sie alle berichten mir, daß sie ihr Ziel erreicht haben.

Die Übung hilft Ihnen, alle Ihre Fähigkeiten zu mobilisieren und alle Ressourcen, die Sie benötigen, anzuziehen.

Jon Grinder, der zusammen mit Richard Bandler NLP entwickelt hat, hat einmal zu mir gesagt: „Sie sollten immer einen Wunsch in Reserve haben, denn wenn Sie wirklich mit der NLP-Arbeit beginnen, gehen alle Ihre Wünsche immer schneller in Erfüllung. Sorgen Sie also dafür, daß Sie nie ohne Träume dastehen."

Und welcher Traum könnte wichtiger sein als unsere spirituelle Entwicklung, die uns immer wieder neue Horizonte eröffnet?

Ankern

Um unsere Reaktionsweisen zu verändern, brauchen wir sogenannte Anker. In diesem Kapitel werde ich das Prinzip des Ankerns erklären.

Wenn ein Boot auf dem Wasser treibt und ein Anker ausgeworfen wird, bleibt das Boot an der Stelle, wo der Anker in den Grund gesunken ist.

Etwas Ähnliches findet im menschlichen Unbewußten statt. Wenn Sie eine geliebte Person sehen oder ihre Stimme hören, stellt sich ein Gefühl bei Ihnen ein. *Bild, Ton* und *Gefühl* sind miteinander verbunden. Wenn Sie einen dieser drei Faktoren in sich aktivieren, stellt sich automatisch auch die Erinnerung an die beiden anderen ein.

Jeder von uns weiß, daß ein Parfüm eine Stimmung oder ein Gefühl erzeugen kann. Parfüms sollen als Anker fungieren. Insbesondere Frauen benutzen Parfüm, um in der Erinnerung anderer Menschen ein Zeichen (einen Anker) zu hinterlassen, mit dessen Hilfe sie bei der nächsten Begegnung wieder eine ähnliche Atmosphäre erzeugen können wie bei der ersten. Männer, die besonders intensiv duftende After-shaves benutzen, können natürlich zu ihrer Rechtfertigung behaupten, sie würden diese verwenden, um nach dem Rasieren ihre Haut zu schützen!

Gewöhnlich sind wir willenlose Opfer von Ankern, da wir auf die Dinge, die in unserer Umgebung geschehen, meist automatisch reagieren. In der folgenden Übung werden wir diesen Effekt umkehren. Wir werden darin zuerst ein Gefühl oder eine Stimmung erzeugen, die wir stimulieren wollen, und diese dann mit einem von uns gewählten Stimulus verbinden. Der Stimulus kann kinästhetischen (eine Berührung) oder auditiven Charakter (ein Wort) haben oder beides gleichzeitig.

Wir werden lernen, diesen einfachen Mechanismus bewußt zu nutzen, und uns dadurch ein größeres Spektrum an Stimmungen und Verhaltensweisen erschließen. Wir werden lernen, Anker zu kreieren, mit deren Hilfe wir uns in eine von uns gewünschte Stimmung versetzen können, wann immer wir dies wollen.

Wenn wir bei einem anderen Menschen einen kinästhetischen Anker installieren wollen, berühren wir ihn mit einem Finger am Arm oder an der Schulter, während sich die betreffende Person in einem bestimmten Gefühlszustand befindet. Die Berührung muß einen sanften Druck hinterlassen und auf genau die gleiche Weise wiederholbar sein.

Wenn Sie bei sich selbst Anker setzen wollen, können Sie dies mittels einer zu der betreffenden Stimmung passenden Geste (eines kinästhetischen Ankers) oder eines Wortes oder Geräuschs (eines auditiven Ankers) tun, oder Sie können ein Bild (einen visuellen Anker) kreieren. Am praktischsten ist jedoch die Verwendung einer Geste oder eines innerlich vorgestellten Geräuschs.

Damit Sie sich in das gewünschte Gefühl hineinversetzen können, sollten Sie wissen, was im NLP *assoziiert* und *dissoziiert sein* bedeutet.

Wenn wir mit einer Erinnerung *assoziiert* sind, so beinhaltet dies, daß wir diese Erinnerung wiedererleben, als ob das betreffende Ereignis *jetzt* stattfinden würde und wir uns mitten darin befänden. Sie hören, sehen und fühlen dann alles, als ob es in diesem Augenblick geschehen würde und Sie sich mitten in der Situation befänden. *Dissoziiert zu sein* bedeutet, daß Sie sich in einer Situation aus einer gewissen Distanz sehen. Es ist, als würden Sie sich einen Video-Film anschauen, in dem Sie selbst mitwirken.

Diese letztere Art des Erlebens einer Erinnerung kann nützlich sein, wenn es sich um traurige, beunruhigende oder traumatische Erfahrungen handelt, denn die Dissoziation vermag die in solchen Fällen oft heftigen Emotionen zu lindern. Sie nehmen mit Hilfe dieser Technik im wortwörtlichen Sinne Abstand von ihnen.

Übung: Ankern

Diese Übung zusammen mit einer anderen Person zu machen, macht besonderen Spaß. Installieren Sie zuerst bei Ihrem Übungspartner einen Anker, und lassen Sie anschließend Ihren Partner bei Ihnen ebenfalls einen Anker setzen. Wenn Sie keinen Übungspartner finden, können Sie die Übung auch allein machen.

Wir beginnen mit einem kinästhetischen Anker (Berührung). A führt die Übung aus. B fungiert als Begleiter von A.

1. B vereinbart mit A, in welchem Körperbereich er ihn mit einem Finger berühren darf, um den Anker zu installieren – am besten am Arm, auf der Schulter, am Handgelenk oder an einer anderen Stelle, die leicht wiederzufinden ist.

2. B fordert A auf: „Erinnere dich an ein sehr erfreuliches Erlebnis. Du brauchst mir nicht zu sagen, worum es sich handelt, aber nicke mit dem Kopf, wenn dir etwas eingefallen ist.“ Nachdem A genickt hat, fährt B fort. B: „Versetze dich jetzt völlig in diese Erinnerung. Schau dich in der Situation um. Sieh die Farben, das Licht, alles, was dir auffällt… Höre die Geräusche, die dort sind, die Lautstärke und den Klang deiner Stimme… Werde dir dessen bewußt, was du in der Situation fühlst, und laß dieses Gefühl auf deinem Gesicht und in deiner Körperhaltung zum Ausdruck kommen…“

3. Wenn B merkt, daß A völlig in dem Gefühl versunken ist, übt er zwanzig Sekunden lang mit einem Finger auf der vereinbarten Stelle am Körper von A Druck aus. Unterdessen gibt sich A völlig seiner Erfahrung hin und genießt sie.

4. Dann hebt B den Finger (den Anker), läßt A ins Hier und Jetzt zurückkehren, und beide sprechen über die Erfahrung. In einem unerwarteten Augenblick aktiviert B den Anker, indem er mit dem gleichen Finger auf die gleiche Körperstelle wie zuvor den gleichen Druck ausübt. Dann beobachtet B, was dies bei A bewirkt.

Falls A nicht automatisch wieder in das vorherige gute Gefühl zurückversetzt wird, müssen beide die Übung von Punkt 2 an wiederholen.

Nach erfolgreichem Abschluß der Übung tauschen A und B die Rollen, so daß nun B zum Empfänger des Ankers wird.

Selbst-Ankern

Wenn beide Partner die Übung gemacht haben, sollten die Anker noch einmal überprüft werden. Dazu legen Sie Ihren Finger auf die betreffende Körperstelle und helfen dem Übungspartner, sich noch tiefer in das Gefühl hineinzuversetzen. Anschließend lösen Sie den Anker und lassen den Partner eine unauffällige Geste machen (indem er beispielsweise Daumen und Zeigefinger gegeneinanderlegt), so daß er sich selbst ankern kann.

Fordern Sie Ihren Partner auf, gleichzeitig innerlich einen Laut zu produzieren oder etwas zu sich selbst sagen, wodurch das gute Gefühl bestärkt wird (beispielsweise *Wow! Hmm! Jaa!*).

Auf diese Weise kreieren Sie zwei Anker, die einander verstärken: einen kinästhetischen (durch die Geste oder die Druckempfindung) und einen auditiven (durch den inneren Laut).

Eine Schatzsuche in Ihrer Vergangenheit

Wie die Überschrift dieses Kapitels schon sagt, werden wir nun in unsere Vergangenheit eintauchen. Nehmen wir beispielsweise an, Sie bräuchten etwas mehr Vertrauen, um Ihre Probleme lösen zu können. Sicherlich gab es in Ihrem Leben Augenblicke, in denen Sie dieses Vertrauen gespürt und erlebt haben. Und es gab zweifellos auch Augenblicke, in denen Sie *kein* Vertrauen hatten. Weil wir uns manchmal nur noch verschwommen an solche intensiven Augenblicke erinnern, greifen wir zu einem Hilfsmittel. Wir benötigen lediglich eine einzige Erfahrung des Vertrauens. Wenn wir diese gefunden haben, ist alles weitere kein Problem.

1. Kehren Sie in Ihrer Erinnerung zu einer Erfahrung zurück, in der Sie das gewünschte Vertrauen eindeutig hatten. Erleben Sie diese Situation so wieder, wie Sie sie damals erlebt haben – also assoziiert, so, als ob sie Gegenwart wäre und Sie sich mitten darin befänden.

Wenn Sie spüren, daß sich das Vertrauen in Ihnen ausbreitet, legen Sie den Daumen und den kleinen Finger einer Hand gegeneinander. Dies ist ein sogenannter *Ressourcen-Anker*. Sie können diese Ressource auch zusätzlich laut benennen, indem Sie beispielsweise sagen: „Vertrauen".

2. Halten Sie den Ressourcen-Anker fest und stellen Sie sich vor, daß Sie durch Zeit und Raum über der Landschaft Ihrer persönlichen Vergangenheit schweben und drei bis fünf Beispiele für Erfahrungen von Vertrauen suchen. Mit Hilfe des Ankers werden diese Erfahrungen nacheinander zum Vorschein kommen. Die Beispiele können aus verschiedenen Zeiten und völlig unterschiedlichen Zusammenhängen stammen. Machen Sie sich Notizen über diese Erfahrungen.

3. Kehren Sie anschließend in die Gegenwart zurück. Lassen Sie den Daumen und den kleinen Finger (den Ressourcen-Anker) wieder los. Schauen Sie sich die Beispiele noch einmal kurz an. Legen Sie Daumen und kleinen Finger wieder zusammen und kehren Sie zu Ihren Beispielen zurück. Erleben Sie jede Erfahrung noch einmal völlig assoziiert. Versetzen Sie sich völlig in sie hinein. Wiederholen Sie dies mit jedem der drei bis fünf Beispiele und halten Sie den Ressourcen-Anker fest.

4. Kehren Sie in die Gegenwart zurück. Lassen Sie den Ressourcen-Anker los. Stellen Sie sich eine künftige Problemsituation vor, in der Sie starkes Vertrauen benötigen. Ankern Sie sich zuerst wieder, indem Sie Daumen und kleinen Finger aufeinanderlegen. Wenn Sie spüren, daß das Vertrauen erwacht, visualisieren Sie sich in der künftigen Situation. Achten Sie darauf, wie sich Ihr jetziges Verhalten von Ihrem gewöhnlichen unterscheidet und was Sie dabei fühlen.

Sie können dies wiederholen, indem Sie sich in verschiedene Situationen hineinversetzen, in denen Sie stärkeres Vertrauen benötigen.

5. Test: Stellen Sie sich nun eine künftige Situation vor, *ohne* den Anker zu benutzen, und achten Sie darauf, daß Sie sich nun automatisch anders fühlen und anders verhalten.

Anmerkung: Bei jedem Verwenden des Ankers (Daumen und kleiner Finger) können Sie als zusätzlichen auditiven Anker den Begriff für die Eigenschaft, die Sie durch den

Anker stärken wollen (in diesem Fall „Vertrauen"), laut aussprechen.

Selbstverständlich können Sie diese Übung für jede künftige Situation machen, in der es Ihnen wichtig ist, eine bestimmte Stimmung willentlich produzieren zu können. Es muß dabei nicht unbedingt um Ihre spirituelle Entwicklung gehen.

Eine neue Reaktionskette installieren

Wahrscheinlich ist Ihnen aufgefallen, daß die handelnde Person in dem zuvor beschriebenen Beispiel, in dem es um das Organisieren von Führungen durch Naturschutzgebiete ging, immer wieder von einem Gefühl der Unsicherheit befallen wurde, wenn sie ein Buch über die Gebiete sah oder etwas darüber las. Das ist ein sogenannter *Trigger*. Ein Trigger ist nicht die Ursache eines Prozesses, sondern dessen Auslöser.

Nicht die Spinne macht Ihnen angst, sondern die Vorstellung, die die Spinne in Ihnen auslöst, also das, was beim Anblick einer Spinne in Ihrem Inneren vor sich geht. Sobald der Protagonist im obigen Beispiel ein Buch sieht, wird automatisch ein Prozeß in ihm initiiert, der ihn verunsichert, was zur Folge hat, daß er reißaus nimmt und nicht tut, was er sich eigentlich vorgenommen hatte.

Wenn es uns gelänge, in diesen Prozeß einzugreifen, könnte der Anblick des Buches etwas bewirken, das den Betreffenden seinem Ziel näherbrächte.

Eine Möglichkeit, einzugreifen und der Reaktion eine andere Orientierung zu geben, besteht darin, eine andere

Reaktionskette zu installieren, die bei Unsicherheitsgefühlen aktiviert wird.

Die Unsicherheit kann uns dann gute Dienste leisten, indem sie uns zu einer neuen Reaktionskette führt, an deren Ende eine Emotion steht, welche uns zu Aktivitäten anregt, die uns unserem Ziel näherbringen. Ein solches Gefühl wäre beispielsweise Motiviertheit.

Übung: Eine motivierende Reaktionskette aufbauen (vereinfachte Version)

Diese Übung ist eine Variante der NLP-Übung mit dem Namen *Chaining* („Verketten"). Sie können Sie sowohl allein als auch mit einem Partner machen. Wenn zwei Personen sie gemeinsam machen, wird sie zu einer Art Gesellschaftsspiel.

Nehmen wir an, wir wollten das Gefühl der *Unsicherheit* in das Gefühl der *Motiviertheit* verwandeln. (Natürlich können wir auch eine viel längere Kette aufbauen.) Wir benutzen dafür die Technik des Selbst-Ankerns.

1. Teil: Vorbereitung
A macht die Übung; B ist Begleiter.

1. B fragt A: „Versetze dich in eine Situation zurück, in der du unsicher warst, und finde heraus, was du kurz vor dem Auftreten des Problems gesagt oder gehört hast.

2. Welche Qualität, welches Gefühl oder welches Verhalten wäre dir lieber gewesen?

(Beispielsweise: zur Verwirklichung meiner Pläne motiviert zu sein.)

3. Weil die Kluft zwischen Unsicherheit und Motiviertheit ziemlich groß ist, suchen Sie nun zusammen mit A zwei Zwischenschritte zwischen Unsicherheit und Motiviertheit.
   (Beispielsweise: Unsicherheit – Neugier – Erwartung – Motiviertheit)

4. Die zu installierende neue Reaktionskette wäre in diesem Fall:

4. Selbstvertrauen
3. Erwartung einer erfreulichen Entwicklung
2. Neugier
1. Der Trigger: Unsicherheit

2. Teil: Installation

5. B bittet A, die rechte Hand auszustrecken, wobei der Daumen nach oben weist. B fordert A auf, sich an eine Situation zu erinnern und diese wiederzuerleben, in der er *neugierig* war. Wenn A durch ein Nicken zu erkennen gibt, daß er *Neugier* aktiviert hat, bittet B ihn, das Gefühl zu ankern, indem er die untersten beiden Finger (den kleinen Finger und den Ringfinger) gleichzeitig nach innen beugt und sie zwanzig Sekunden lang in dieser Position beläßt (die übrigen Finger bleiben gestreckt), während A innerlich das Wort *Neugier* wiederholt. Dann streckt A die Finger wieder.

Test: B fordert A auf, die beiden Finger erneut nach innen zu beugen, innerlich *Neugier* zu sagen und zu überprüfen, ob sich das Gefühl *Neugier* wieder einstellt. Falls nicht, muß Punkt 5 wiederholt werden.

B läßt A noch einmal in das Gefühl der *Neugier* eintreten. A ankert sich, und B bittet A, sich *ein Bild* des Triggers vorzustellen und gleichzeitig den Anker aufrechtzuerhalten. Nach zehn Sekunden läßt A den Anker wieder los.

6. B bittet A, sich an eine Situation zu erinnern und sich in dieselbe hineinzuversetzen, in der A das Gefühl der *freudigen Erwartung* hatte.

B bittet A, dieses Gefühl zu ankern, indem er die untersten drei Finger seiner ausgestreckten Hand nach innen beugt und sie zwanzig Sekunden lang in dieser Haltung beläßt.

B geleitet A erneut in das Gefühl der *freudigen Erwartung*. Dieses wird abermals geankert, und A wird gebeten, sich *ein Bild* des Triggers vorzustellen, während er den Anker (die drei gebeugten Finger) beibehält. Gleichzeitig spricht A innerlich das Wort *Erwartung*. Nach zwanzig Sekunden läßt er den Anker wieder los.

7. B bittet A, sich an eine Situation zu erinnern und sich in dieselbe hineinzuversetzen, in der er das Gefühl von *Selbstvertrauen* hatte.

Er bittet A, dieses Gefühl zu ankern, indem er vier Finger seiner ausgestreckten rechten Hand nach innen beugt, die Hand leicht zur Faust ballt und diese Haltung zwanzig Sekunden lang beibehält. Gleichzeitig spricht A innerlich das Wort *Selbstvertrauen*.

B geleitet A noch einmal in das Gefühl des *Selbstvertrauens*. A ankert sich wieder und wird dann von B aufgefordert, sich *ein Bild* des Triggers vorzustellen, während er den Anker (die locker geballte Faust) aufrechterhält und innerlich das Wort *Vertrauen* spricht. Nach zwanzig Sekunden läßt A den Anker wieder los.

8. Test: B bittet A, eine lockere Faust zu ballen und abzuwarten, bis sich das Gefühl des *Selbstvertrauens* einstellt.

Dann bittet B A, sich den Trigger vorzustellen, durch den das ganze Problem entstanden war, und zu prüfen, welches Gefühl dieser Anblick jetzt erzeugt.

Test für die Zukunft: B bittet A, den Anker (die locker geballte Faust) aufrechtzuerhalten und sich eine künftige Situation vorzustellen, in der das Problem der Unsicherheit und des Davonlaufens auftreten könnte. Dann wird A gebeten festzustellen, welches Gefühl dies erzeugt. Verläuft alles nach Wunsch, wird A aufgefordert, sich den Anblick des Buches vorzustellen, diesmal allerdings, ohne den Anker aufrechtzuerhalten.

Wenn Sie diesen ganzen Prozeß einmal vollzogen haben, werden Sie feststellen, daß Sie allmählich automatisch eine lockere Faust ballen, was meistens schon an sich ein spontaner Ausdruck der Motiviertheit ist.

Wie Sie Ihr Organisationstalent nutzen können, um Ihr Lebensziel zu erreichen

Wo wir nun schon bei den Ressourcen sind: Die Person aus unserem Beispiel verfügte in ihrem Beruf über ein ausgezeichnetes Organisationstalent, doch wenn sie für sich selbst etwas zu organisieren versuchte, war sie nicht in der Lage, von dieser Fähigkeit Gebrauch zu machen. Es gibt jedoch die Möglichkeit, Fähigkeiten, die jemand in einem bestimmten Bereich hat, auf einen anderen Bereich zu übertragen. Wenn Ihr Verstand und Ihr Unbewußtes lernen zusammenzuarbeiten, können Sie alle Ihre Fähigkeiten optimal nutzen. Dies wiederum ermöglicht es Ihnen, sich schneller zu entwickeln und ein erfüllteres Leben zu führen. Und genau damit werden wir uns nun beschäftigen, wobei uns das Organisationstalent als Beispiel dient.

Übung

Ein einschränkendes Verhaltensmuster in einem Lebensbereich durch ein adäquateres Verhalten aus einem anderen Lebensbereich ersetzen.

A führt die Übung aus. B fungiert als Begleiter von A.

Wählen Sie etwas aus, das Ihnen beim Erfüllen Ihrer Aufgabe Schwierigkeiten bereitet, einen Bereich, in dem Sie Ihre Möglichkeiten erweitern wollen.

1. Teil

1. B nimmt drei Zettel. Er schreibt auf den einen „Problem", auf den anderen „Ressource", auf den dritten „Basis" und legt sie wie unten abgebildet auf den Boden.

3
Problem

2
Ressource

1
Basis

2. B bittet A, eine Problemsituation zu wählen, mit der er arbeiten will. B kann, muß aber nicht wissen, worum es sich handelt.

3. B bittet A, sich zu überlegen, welche Qualität ihm helfen würde, sich in der gewählten Situation besser zu fühlen und erfolgreicher darin zu sein.

4. Dann bittet B A, sich an eine oder mehrere Situationen zu erinnern, in der oder in denen er die Qualität, die er sich bei seinem Problem als Hilfe wünscht, voll und ganz zur Verfügung hatte (beispielsweise bei Freunden, in einem Sportclub, während eines Festes, bei der Geburt eines Kindes und ähnliches). B darf, muß aber nicht wissen, worum es sich handelt. Wenn A durch Nicken andeutet, daß er eine solche Situation gefunden hat, wird die Übung fortgesetzt.

2. Teil

1. B läßt A vom neutralen Punkt 1 nach 2, dem Punkt der Ressourcenerfahrung, gehen.

2. B hilft A, diese Ressourcenerfahrung völlig assoziiert wiederzuerleben, als ob er sich wieder mitten darin befände. Das heißt, er hört, sieht und fühlt alles so, wie es in jener Situation war, und fühlt sich sehr gut und im Vollbesitz der betreffenden Fähigkeit.

Wenn dieses Gefühl völlig gegenwärtig ist, ankert A es selbst (kinästhetisch oder auditiv).

3. B läßt A zu Punkt 3 gehen und bittet ihn, dabei mit dem Gefühl der Befähigung (Anker) in Kontakt zu

bleiben und dann eine Momentaufnahme, ein stehendes *Bild von sich selbst* in dem einschränkenden Verhaltensmuster (in der Problemsituation) zu visualisieren.

B achtet darauf, daß A das Gefühl und die Körperhaltung von Punkt 2 (der Ressource) beibehält.

Wenn A durch ein Nicken anzeigt, daß er das Bild der anderen Erfahrung visualisiert hat, fordert B ihn auf, sich dieses Bild zehn Sekunden lang vor Augen zu halten.

4. Dann fordert B A auf, den Anker loszulassen, und bittet A, zum neutralen Punkt, der Basis, zurückzukehren.

B wiederholt diese Übungsfolge noch mindestens zweimal beziehungsweise so lange, bis das Bild der negativen Erfahrung A nicht mehr negativ beeinflußt.

Durch das Ausführen dieser Übung ist im Unbewußten eine neue Verbindung entstanden, wodurch in einer gleichartigen Situation automatisch das Gefühl der Befähigung aktiviert wird.

Mit den Derwischen tanzen oder Geld verdienen?

Oft besteht ein Konflikt zwischen unterschiedlichen Interessen in uns. Im NLP spricht man in solchen Fällen von einem Konflikt zwischen unterschiedlichen Teilen oder Teilpersönlichkeiten.

Wie bereits angedeutet wurde, geht das NLP grundsätzlich davon aus, daß jeder unserer Teile die besten Absichten für das Ganze verfolgt. Doch *wie* die einzelnen

Teile dem Ganzen dienen wollen, ist oft völlig gegensätzlich und kaum zu vereinbaren. In solchen Fällen entbrennen manchmal regelrechte Kriege unter der Oberfläche, da eine Teilpersönlichkeit die Arbeit eines anderen Teils sabotiert. Dies kann in unserem Leben beispielsweise dadurch zum Ausdruck kommen, daß ein bestimmtes Bedürfnis nie gestillt wird oder ein bestimmter Wunsch nie in Erfüllung geht.

Wenn Sie solche verborgenen Teile ans Tageslicht holen und respektvoll mit ihnen verhandeln, können Sie derartige Konflikt möglicherweise beilegen.

Ein anschauliches Beispiel hierfür ist Peter, ein Teilnehmer an meiner Practitioner-Ausbildung. Peter ist fasziniert von den Sufis und vor allem von den Tänzen der Derwische, der Sufi-Mönche. Er wäre gern in die Türkei gereist, um dort eine Zeitlang in einer Mönchsgemeinschaft zu leben und die Derwischtänze mitzuerleben, weil er sich davon einen wichtigen Anstoß für seine spirituelle Entwicklung versprach.

Peters Traum war bisher nicht in Erfüllung gegangen, weil er nicht genug Geld und momentan nicht einmal eine feste Arbeit hatte. Er versuchte, eine Praxis für Therapie und Gruppenarbeit aufzubauen, verdiente aber noch nicht genug Geld, um davon leben zu können.

Gewöhnlich leitet Anné Linden vom New York Training Institute die letzten fünf Tage meiner Practitioner-Ausbildung. Diesmal ging es um das Thema „Arbeit mit Teilen". Peter stellte sich für diese Arbeit als Demonstrationsobjekt zur Verfügung.

Zwei Stühle wurden aufgestellt, auf denen die Teile Platz nehmen sollten. Peter bezeichnete den einen Teil als den Materialisten, den anderen als den Derwisch.

Das Ziel des Materialisten war, genug Geld zu verdienen, um ein angenehmes Leben führen zu können. Der Derwisch hingegen wollte so schnell wie möglich in die Türkei reisen. Beiden Teile ging es um Peters Glück, jedem auf seine Weise.

Peter wurde gebeten, sich auf den einen der beiden Stühle zu setzen und zu jenem Teil zu werden, den er den Materialisten nannte.

Als er auf dem Stuhl saß, sagte er, es sei eine Schande, sich für eine solche Reise in Unkosten zu stürzen, dort zwei Monate lang nur Geld auszugeben und dann ohne einen Pfennig in der Tasche zurückzukommen und nicht zu wissen, wie man über die Runden kommen solle. Die einzige Möglichkeit, ein anständiges Leben zu führen, sei, eine Arbeit zu finden und Geld zu verdienen.

Dann bat Anné Peter, auf dem anderen Stuhl, dem des Derwischs Platz zu nehmen. Es war aufregend mitzuerleben, wie sehr sich Peters Gesichtsausdruck und seine Haltung veränderten. Der Derwisch ärgerte sich über das Gehabe des Materialisten. Er war der Meinung, nur die Reise in die Türkei werde Peter zu dem Glück verhelfen, das er verdiene, weil diese Reise langfristig seiner spirituellen Entwicklung zugute komme.

Der Derwisch sabotierte Peters Versuche, eine Arbeit zu finden. Der Materialist sabotierte Peters Bemühungen, mit den Derwischen zu tanzen.

Nachdem die Positionen der beiden Teile geklärt waren, kam es zu einer respektvollen Verhandlung zwischen ihnen. Sie einigten sich darauf, daß Peter eine Arbeit finden müsse, um Geld zu verdienen, daß diese Arbeit ihm aber andererseits in absehbarer Zeit die Möglichkeit bieten müsse, zwei Monate Urlaub zu nehmen.

An dieser Stelle sollte noch erwähnt werden, daß die Derwische eigentlich nur Moslems Zutritt zu ihrem Kloster gewähren und Peter kein Moslem war. Dies war ein zusätzliches Problem.

Peter machte diese Übung im April. Im Juli erhielt er von den Derwischen die Nachricht, er könne kommen, obwohl er kein Moslem sei. Im gleichen Monat fand Peter eine geeignete Arbeit. Leider konnte er nicht sofort Urlaub nehmen, doch schon nach einem Monat hatte er es geschafft. „Plötzlich" war auch diese Möglichkeit da …

Etwas fast Unmögliches war möglich geworden, weil es gelungen war, zwei zunächst völlig gegensätzlich erscheinende Interessen in Einklang zu bringen und die beiden Teilpersönlichkeiten, die diese Interessen verfolgten, zur Zusammenarbeit zu bewegen.

Die Verhandlung zwischen Teilpersönlichkeiten wird durch eine sehr einfache Technik ermöglicht. Voraussetzung dafür ist jedoch, daß jeder Teil bedingungslos respektiert wird und der Unterhändler völlig unparteiisch ist.

Übung: Räumliches Reframing

A ist derjenige, der die Übung macht; B ist der Begleiter.

Diese Übung ist bei Problemen infolge eines inneren Konflikts von Nutzen. Es geht darum, die beiden Teilpersönlichkeiten, die sich in Konflikt befinden, klar voneinander zu unterscheiden, ein beiden gemeinsames Ziel zu formulieren und herauszufinden, wie sie miteinander kommunizieren können. Gelingt dies, können sie sowohl miteinander als auch mit dem großen Ganzen – dem Ich beziehungsweise der Person – zusammenarbeiten.

1. Identifizieren Sie die beiden Teile und unterscheiden Sie sie klar voneinander. Stellen Sie für jeden Teil einen Stuhl bereit. Erklären Sie A, er solle sich, sobald er auf einem der Stühle sitze, soweit wie möglich vergessen und völlig zu der betreffenden Teilpersönlichkeit werden. Erklären Sie ihm, daß Sie sich direkt an den jeweiligen Teil wenden werden. Fordern Sie A auf, den Teilen Namen zu geben, damit sie sich noch klarer voneinander unterscheiden lassen.

2. Beginnen Sie das Gespräch mit Teil 1, indem Sie ihn nach seinem Ziel hinter dem Ziel fragen – danach, was er für die Persönlichkeit als Ganzes anstrebt. Versuchen Sie, sehr detaillierte Informationen zu erhalten: Welches Ziel verfolgt dieser Teil? Welche Funktion und welche Intention hat er? Fordern Sie A dann auf, sich von Teil 1 zu lösen und auf dem zweiten Stuhl Platz zu nehmen. Verfahren Sie mit Teil 2 genau wie mit Teil 1.

Versuchen Sie, ein Ziel, eine Funktion oder eine Intention zu finden, die beide Teile miteinander verbindet.

Wechseln Sie zwischen den beiden Teilen hin und her. Suchen Sie ein gemeinsames Ziel hinter dem Ziel, bis sich klar abzeichnet, was genau sich jeder Teil vom anderen wünscht.

Sie müssen eine übergeordnetes Ziel für A (als Ganzes) finden, mit dem beide Teile einverstanden sind, beispielsweise, daß A letztendlich glücklich werden möge. Beide Teile müssen mit diesem Ziel einverstanden und bereit sein, sich dafür einzusetzen.

3. Verhandeln Sie mit jedem einzelnen Teil und treffen Sie eine Vereinbarung darüber, was jeder Teil für sich

selbst und was er für den anderen Teil will. Stellen Sie fest, woran jeder Teil jeweils erkennt, daß er vom anderen das bekommt, was er sich wünscht. Stellen Sie fest, was jeder Teil dem anderen geben oder was er für den anderen Teil tun möchte.

Setzen Sie als Unterhändler Ihre Flexibilität und Diplomatie ein, damit jeder Teil den anderen anerkennt und zumindest eine seiner Eigenschaften wertschätzt, so daß beide bereit sind, etwas voneinander zu lernen.

Beide Teile müssen irgend etwas am jeweils anderen schätzen, und mag es noch so wenig sein. Wenn ein Teil den anderen in keiner Weise wertschätzt, kann man ihn bitten, sich vorzustellen, wie es wäre, wenn es den anderen Teil überhaupt nicht gäbe. Meistens erzeugt dies einen kleinen Schock.

Es kann sich als nützlich erweisen, an diesem Punkt ein Signal zwischen den beiden Teilen zu vereinbaren, so daß jeder merkt, wann der andere etwas braucht, beispielsweise Zeit, Raum, Zustimmung, Wertschätzung oder Aufmerksamkeit. Sorgen Sie dafür, daß jeder Teil mit mindestens einer Sache, die der andere Teil von ihm erwartet, einverstanden ist.

Manchmal reicht es schon, daß sich die beiden Teile einverstanden erklären, einander zu achten und eine freundschaftliche Beziehung zueinander zu unterhalten.

4. Sobald der Anfang für eine Einigung gemacht und eine Methode gefunden worden ist, beide Teile zu ihrem Recht kommen zu lassen (gemessen an dem vorherigen Kampf ist schon das ein gewaltiger Fortschritt), fordern Sie A auf, sich auf einen anderen Stuhl zu setzen, auf die sogenannte Ich-Position, wo

er er selbst ist und von wo aus er beide Teilpersönlichkeiten sehen kann. Lassen Sie A feststellen, ob beide Teile mit den Alternativen zufrieden sind, über die verhandelt wurde, oder ob sie zumindest damit einverstanden sind, in eine neuartige Beziehung zueinander einzutreten.

Es reicht aus, wenn beide die Werte des jeweils anderen anerkennen (und einander möglicherweise die Hände reichen).

Nun fordert B A auf, die beiden Teile, die auf den Stühlen sitzen, wieder in sich selbst zurückzunehmen. A eignet sie sich wieder an.

Test: Bringen Sie A in eine Konfliktsituation. Das kann eine reale oder eine vorgestellte Situation sein. Wenn er dann immer noch das Gefühl hat, in einem Dilemma zu stecken, müssen Sie feststellen, worin das Problem besteht, und mit den betreffenden Teilpersönlichkeiten über akzeptable Alternativen verhandeln.

Zur Unterstützung folgt nun eine Liste von Fragen, die sich auf die Vorgehensweise beim *räumlichen Reframing* beziehen. Dabei ist es ungeheuer wichtig, daß Sie Ihren Respekt vor jedem Teil zum Ausdruck bringen. Fragen Sie jede Teilpersönlichkeit:

1. Was willst du für die Person als Ganzes?
2. Was wird ... (setzen Sie hier den Namen der Person ein) davon haben?

Fragen Sie so lange weiter, bis Sie eine höhere Ebene gefunden haben, auf der es zu einer Übereinstimmung zwischen beiden Teilen kommt.

3. Was willst du als Teil des Ganzen für dich selbst?
4. Was willst du von dem anderen Teil?
5. Woran erkennst du, daß du das, was du willst, vom anderen Teil bekommst? (Dies kann ein Signal sein.)
6. Was siehst, hörst, fühlst du dann?
7. Was kannst du vom anderen Teil lernen? Kann der andere Teil dir von Nutzen sein? Wie kann der andere Teil für dich von Nutzen sein?
8. Was willst du für den anderen Teil tun? Was willst du dem anderen Teil geben?

Arbeiten Sie an speziellen Dingen, die sich auf das Wann, Wo, Was, Wieviel und Wie oft beziehen.

Ist spirituelle Entwicklung überhaupt von Bedeutung für Sie?

Welchen Wert messen Sie Ihrer spirituellen Entwicklung bei?

Vor zehn Jahren hielt ich einmal einen Vortrag über Spiritualität im Alltagsleben. Eine Viertelstunde vor Beginn des Vortrags unterhielt ich mich vor dem Saal mit ein paar Leuten. Sie beteuerten, daß Spiritualität in ihrem Leben eine sehr wichtige Rolle spiele.

Ein paar Minuten später stand ich im Saal und plauderte mit den Organisatoren, als ich hörte, wie eine Person aus jener Gruppe an der Kasse sagte: „Was? Der Vortrag kostet zehn Mark?"

Was man zu glauben meint und was man tatsächlich glaubt, sind zwei völlig verschiedene Dinge. Dieser Unterschied wird sichtbar in der Diskrepanz zwischen dem, was ein Mensch *sagt*, und dem, was er *tut*. Kriterien sind die Maßstäbe, mit deren Hilfe wir unsere Erfahrungen beurteilen. Wenn etwas um uns herum geschieht, vergleichen wir es mit Dingen, die wir kennen, und messen es an Werten, die uns wichtig sind. Nehmen wir einmal an, Schönheit sei ein wichtiges Kriterium für uns. Wir vergleichen dann alles, was wir sehen, mit unserem inneren Maßstab für Schönheit. Wenn es ihm entspricht, sagen wir: „Das ist schön." Stimmt etwas nicht mit unserer Auffassung von Schönheit überein, dann sagen wir: „Das ist häßlich." Auf diese Weise entwickeln wir die Tendenz, uns mit Dingen, die wir für schön halten, zu umgeben und alles, was wir für häßlich halten, zu meiden.

Doch Vorsicht! Was in *Ihren* Augen schön ist, empfindet jemand anders möglicherweise als häßlich. Es geht also wieder einmal nicht darum, was tatsächlich ist, sondern darum, was wir aus den Dingen machen. Als Säuglinge beginnen wir unser Leben mit zwei Grundparametern: Sicherheit/Gefahr und Lust/Schmerz. Diese helfen uns zu überleben. Wenn wir heranwachsen und lernen, werden diese Kriterien durch Erfahrungen verfeinert und erweitert.

Jeder der beiden Parameter hat zwei Seiten. Die eine repräsentiert das, was wir vermeiden wollen, die andere das, was wir zu erreichen versuchen – das, was uns abstößt, und das, was uns anzieht.

Wenn Ihnen Kreativität wichtig ist, bevorzugen Sie wahrscheinlich kreative Aktivitäten und vermeiden automatische und mechanische Handlungen.

Da unsere Kriterien oder Verhaltensparameter, unsere Werte weitgehend bestimmen, was für eine Art von Leben wir führen, ist es sinnvoll, daß wir uns etwas näher mit ihnen befassen und daran arbeiten.

Übrigens entwickeln sich die Überzeugungen, die unser Leben prägen, um diese Kriterien herum. Unsere Überzeugungen und Kriterien filtern und färben alles, was wir wahrnehmen.

Fanatiker sind Menschen, die eine bestimmte Norm über alle anderen erheben, so daß kein Raum für andere Werte mehr bleibt. Alle Handlungen und Erfahrungen werden so gefiltert und verformt, daß sie in das Weltmodell des Fanatikers hineinpassen.

Hitler war im Hinblick auf die Reinheit der Rassen ein solcher Fanatiker. Da er die arische Rasse für die einzige wertvolle hielt, bestand für ihn nicht der geringste Zweifel daran, daß alle anderen Völker ihr unterworfen werden mußten. Andere Kriterien wie Ehrlichkeit, das Recht auf Freiheit und sogar das Recht auf Leben waren für ihn zweitrangig oder er versuchte, sie seinen Vorstellungen von der rassischen Überlegenheit der Arier anzupassen.

Die katholische Kirche verhielt sich in der Zeit der Inquisition ganz ähnlich. Die damaligen Kirchenführer verstießen gegen eine grundlegende Lehre Jesu, „Liebe deinen Nächsten wie dich selbst", und gegen das sechste Gebot „Du sollst nicht töten". Als ob sie diese Sätze nie gehört hätten, ließen sie zu, daß während der Kreuzzüge Millionen von Menschen ermordet wurden, und im „christlichen Abendland" ließen sie Hunderttausende von „Heiden" foltern und auf dem Scheiterhaufen verbrennen. Hätten diese „Heiden" im 20. Jahrhundert gelebt, wäre ihnen vermutlich nichts zugestoßen. Aber auch in unserer Zeit gibt es Verfolger und Verfolgte. Fundamentalisten jeder Religion unterliegen der Macht eines alles beherrschenden Kriteriums.

Wir haben alle jeweils eigene Kriterien, Normen und Werte, die unser Verhalten und unsere Umgebung beeinflussen. Je nachdem, was diese beinhalten, sind sie unserer spirituellen Entwicklung förderlich oder nicht. Doch wenn Sie sich der für Ihr Leben grundlegenden Kriterien nicht bewußt sind, wie können Sie diese ausfindig machen und was können Sie anschließend damit tun?

Die Antwort lautet schlicht: Es ist relativ leicht, sie ausfindig zu machen, und Sie können eine ganze Menge damit tun.

Jedes Verhalten, was auch immer es beinhalten mag, dient dazu, ein bestimmtes Kriterium zu erfüllen oder ein anderes zu vermeiden.

Ein Beispiel: Meine Frau fragt mich, was ich gerne essen möchte. Ich antworte, daß ich Lust auf Linsen habe. Meine Frau kann nämlich ein köstliches Linsengericht kochen.

Mein erstes Kriterium ist „guter Geschmack“, mein zweites „etwas Gesundes essen“.

Was will ich vermeiden? Etwas, das nicht schmeckt und ungesund ist.

Sie können Ihren Kriterien also auf die Spur kommen, indem Sie Ihre Verhaltensweisen einzeln unter die Lupe nehmen und sich die entsprechenden Fragen stellen.

Noch ein Beispiel: Sie fahren mit dem Bus zur Arbeit.

Warum ist das Busfahren wichtig für Sie?

Was haben Sie davon?

Welchen Wert hat es für Sie?

Wie die Antworten ausfallen, hängt davon ab, wer mit dem Bus fährt. Beispielsweise könnte jemand antworten:

„Dann begegne ich Menschen." Das ist kein Kriterium, sondern ein neues Verhalten. Deshalb fragen wir weiter: „Warum ist es Ihnen wichtig, Menschen zu begegnen?"

Antwort: „Das ist gesellig." *Geselligkeit* ist ein Kriterium.

Jemand anderes, der mit dem Bus fährt, könnte sagen: „Das kostet weniger Geld." – Kriterium: *Sparsamkeit.*

Wieder ein anderer könnte antworten: „Dadurch schone ich die Umwelt." – Kriterium: *saubere Luft.*

Wenn wir alle unsere Kriterien nebeneinanderstellen, werden wir merken, daß uns ein bestimmtes Kriterium wichtiger ist als ein anderes. Natürlich war uns das ohnehin klar. Unsere persönliche Kriterienhierarchie prägt unser Verhalten.

Bei der zu Beginn dieses Kapitels erwähnten Person, die sich über den Eintrittspreis für meinen Vortrag aufregte, steht wahrscheinlich ein anderes Kriterium an der Spitze des Normen-und-Werte-Systems als das der spirituellen Entwicklung. Je klarer die Werte-Rangordnung eines Menschen ist, desto fester ist die Basis der Persönlichkeit des Betreffenden.

Wir werden nun untersuchen, wie es um Ihre eigene Kriterienhierarchie oder um Ihr Wertesystem bestellt ist, denn dadurch können Sie eine Menge über sich selbst herausfinden. Wenn Sie sich Ihres Wertesystems erst einmal völlig bewußt geworden sind, können Sie es verändern beziehungsweise Ihre Prioritäten verlagern.

Bewußtwerdungsübung

Die Technik, die dieser Übung zugrunde liegt, ist sehr einfach. Wählen Sie ein Verhalten aus, das charakteristisch für Sie ist, und stellen Sie sich dann die Frage: „Wozu führt diese Aktivität (das Erfüllen dieses Kriteriums), das noch wichtiger ist als sie selbst?"

Zur Veranschaulichung möchte ich wieder ein Beispiel heranziehen. Wir gehen von der täglichen Fahrt mit dem Bus aus. Als Kriterium wählen wir *Geselligkeit*.

Um zu einem höheren Kriterium zu gelangen, fragen Sie: Was ist mir noch wichtiger, als *Geselligkeit* mit Menschen zu erleben?

Antwort: *Verbundenheit*.

Frage: Wenn ich *Verbundenheit* spüre, was habe ich dann davon, das mir noch wichtiger ist?

Antwort: Ein Gefühl von *Einheit*.

Frage: Zu was führt dieses Gefühl der *Einheit*, das mir noch wichtiger ist als dieses Gefühl selbst?

Antwort: *Liebe*.

Frage: Gibt es noch etwas Wichtigeres für mich als *Liebe*?

Antwort: Einheit mit der gesamten Schöpfung, Aufgehen im Kosmos, *spirituelle Einheit*.

Frage: Gibt es etwas, das mir noch wichtiger ist?

Antwort: Nein.

Die Wertehierarchie sieht in diesem Fall also so aus:

Spirituelle Einheit
Liebe
Einheit (Gefühl des Einsseins mit anderen Menschen)
Verbundenheit
Geselligkeit

Diese Hierarchie liegt den Teilwerten, die wir anstreben, zugrunde.

Außer den Fragen, die soeben aufgeführt wurden, gibt es noch eine weitere Kategorie von Fragen, beispielsweise:

Was wäre mir so wichtig, daß *Geselligkeit* eine untergeordnete Bedeutung für mich bekäme?

Was müßte geschehen, damit ich auf *Geselligkeit* verzichten würde?

Auch durch Fragen dieser Art können Sie Ihren Werten auf die Spur kommen.

Mindestens ebensowichtig ist jedoch, daß Sie wissen, welche Kriterien Sie *vermeiden* wollen. Denn bei manchen Menschen ist die Motivation, von etwas wegzukommen oder etwas loszuwerden, stärker als das positive Bestreben, ein bestimmtes Ziel zu erreichen.

Die andere Seite dieser Pyramide, die Vermeidungsseite, vervollständigt die Hierarchie. Es ist nämlich auch wichtig, daß Sie wissen, was Sie *nicht* wollen. Dadurch wird das Gesamtbild klarer und umfassender. In diesem Sinne ist „am Meer, aber nicht in einem unbeständigen und kalten Klima" eine umfassende Antwort auf die Frage, wo Sie Ihren Urlaub verbringen wollen.

Um diese Pyramide zu vervollständigen, fragen wir die Person aus unserem Beispiel einfach: Was ist für Sie das Gegenteil von *spiritueller Einheit*?

Antwort: *Innere Leere.*

Diese Frage stellen wir für jedes der gefundenen Kriterien und erhalten so die „Rückseite der Medaille".

Beispiel:

spirituelle Einheit	*innere Leere*
Liebe	*Haß*
Einheit	*Isolation*
Verbundenheit	*Einsamkeit*
Geselligkeit	*Langeweile*

Wir haben in diesem Beispiel mit dem zielgerichteten Aspekt, auf der linken Seite, angefangen. Wenn es Ihnen lieber ist, können Sie auch auf der rechten Seite beginnen. Dann fragen Sie jeweils: Was ist schlimmer als *Langeweile*? Was wollen Sie noch stärker vermeiden als *Langeweile*? Und so weiter.

Wenn Sie mit der einen Seite fertig sind, wenden Sie sich der anderen Seite zu, indem Sie die Frage „Was ist für Sie das Gegenteil von ...?" beantworten.

Diese gesamte Wertehierarchie ist Teil Ihres Unbewußten. In den meisten Fällen ist sie stärker in Ihr Bewußtsein gerückt, nachdem Sie die Übung gemacht haben. Dadurch vergrößert sich die Anzahl Ihrer Entscheidungsmöglichkeiten.

Sie würden zwar gern, tun es aber nicht

Kriterien sind die Werte, die unseren Erfahrungen Bedeutung geben. Sie erzeugen also eine Struktur, die uns veranlaßt, bestimmte Erfahrungen zu wiederholen oder zu vermeiden. Wenn wir etwas eigentlich tun müßten, es aber nicht tun und deshalb frustriert sind, kann es sein, daß unsere Werteskala irgendwo blockiert ist.

Es gibt eine Möglichkeit, solche Blockaden zu beseitigen. Damit wollen wir uns im folgenden beschäftigen.

Zunächst einmal sollten wir unsere Werteskala im Hinblick auf Spiritualität überprüfen. Dafür brauchen wir uns nur ein paar Fragen zu stellen, mit deren Hilfe wir unser unbewußtes Wissen zutage fördern können.

Der Mann, der seine Aufgabe darin sah, Wanderungen in Naturschutzgebieten zu organisieren, hatte Schwierigkeiten, sein Vorhaben in die Tat umzusetzen.

In einem solchen Fall können wir uns fragen, was sich hinter dem Verhalten des Betreffenden verbirgt. Wie blockiert sich dieser Mann selbst? Dies können wir anhand seiner Wertehierarchie untersuchen. Indem wir diese erfragen, geben wir ihm die Möglichkeit, sein eigenes Verhalten zu verstehen.

Zur Erinnerung: Der Mann sieht es als seine Aufgabe an, Gruppenausflüge in landschaftlich besonders eindrucksvolle Gebiete seiner Heimatprovinz zu organisieren. Sein Problem ist, daß es ihm nicht gelingt, dieses Vorhaben zu verwirklichen. Das frustriert ihn. Um seine Wertehierarchie bezüglich dieser Thematik herauszuarbeiten, stellen wir ihm die folgenden Fragen:

Frage: Welche Vorteile hat es für Sie, diese Ausflüge *nicht* zu organisieren?
Antwort: *Ich habe dann mehr Freizeit.*
Frage: Was ist für Sie das Gegenteil von *Freizeit*?
Antwort: *Hektik.*
Frage: Gibt es etwas, das Ihnen wichtiger ist als *Freizeit*, etwas, wofür Sie ein wenig *Hektik* in Kauf nehmen würden?
Antwort: *Weiterentwicklung.*

Frage: Was ist für Sie das Gegenteil von *Weiterentwicklung*?
Antwort: *Stillstand*.
Frage: Und was ist Ihnen noch wichtiger als *Weiterentwicklung*?
Antwort: *Spirituelles Wachstum*.
Frage: Was ist für Sie das Gegenteil von *spiritueller Entwicklung*?
Antwort: *Chaos*.

Diese Antworten bilden eine kleine Hierarchie, eine Pyramide mit drei Stufen auf jeder Seite.

Auf etwas hin	*von etwas weg*
spirituelles Wachstum	Chaos
Weiterentwicklung	Stillstand
Freizeit	Hektik

Wie ich bereits erwähnt habe, gibt es Menschen, die sich über ihre Wertehierarchie schneller klarwerden, wenn sie mit dem Vermeidungsaspekt beginnen. Ihnen könnte man beispielsweise folgende Fragen stellen:

Frage: Was versuchen Sie zu vermeiden, indem Sie die Gruppen *nicht* organisieren?
Antwort: *Hektik*.
Frage: Was ist für Sie das Gegenteil von *Hektik*?
Antwort: *Freizeit*.
Frage: Was ist Ihnen wichtiger zu vermeiden als *Hektik*, so daß Sie sogar bereit wären, etwas von Ihrer *Freizeit* dafür zu opfern?
Antwort: *Stillstand*.

Frage: Was ist für Sie das Gegenteil von *Stillstand*?
Antwort: *Weiterentwicklung*.
Frage: Was ist Ihnen wichtiger zu vermeiden als *Stillstand*, so daß Sie sogar bereit wären, sich mit etwas weniger *Weiterentwicklung* zu begnügen?
Antwort: *Chaos*.

Wie Sie sehen, ergibt sich die gleiche Wertehierarchie wie zuvor. Wenn Sie mit dem Vermeidungsaspekt beginnen, kann sich die Rangordnung ein wenig verändern, aber normalerweise stimmen die Hierarchien bei beiden Vorgehensweisen in ihren wesentlichen Zügen überein.

Wir werden diese Wertepyramide jetzt nutzen, um dem Mann zu helfen, das zu tun, was er tun will. Dabei bedienen wir uns einer Technik mit Namen *Criteria spin*, eine Methode zur Beseitigung von Blockaden, mit deren Hilfe der Konflikt zwischen dem, was jemand will, und dem, was der Betreffende tatsächlich tut, aufgelöst werden kann. Die Blockade wird beseitigt, indem sich der Betreffende seiner Werteskala bewußt wird. Das englische Wort *spin* bedeutet in etwa „eine sich drehende Spirale". Die deutsche Übersetzung dieses NLP-Begriffs wäre demnach „Wertekarussell".

Im NLP sind wir der Meinung, daß Sie die höheren Werte der nächstfolgenden Stufe einer Seite nie erreichen, wenn Sie Ihre gesamte Aufmerksamkeit auf den Wert der untersten Stufe links (wo Sie hin wollen) richten. Wenn Sie den untersten Wert (der linken Seite) nicht loslassen können, können Sie die darüberliegende Stufe auf dieser Seite der Pyramide nicht erreichen. Dies zeigt, wie überaus wichtig es ist, daß wir in der Lage sind, Dinge loszulassen.

Wenn Sie die unterste Stufe der Leiter rechts (das, was Sie vermeiden wollen) weiterhin auf die Weise vermeiden wollen, wie Sie es schon immer getan haben, gelangen Sie automatisch auf die nächsthöhere, noch üblere Stufe (in diesem Fall *Stillstand*). Negatives stellt sich automatisch ein; Positives erreichen Sie nur, indem Sie bewußter werden.

Wenn Sie dem Mann in unserem Beispiel aus dem Dilemma helfen wollen, können Sie ihm durch eine Art Schock zu Bewußtsein bringen, wie er selbst dafür sorgt, daß er nicht von der Stelle kommt, und wie er dadurch, ohne es zu wollen, seine spirituelle Weiterentwicklung verhindert.

Sie können die Spirale in Bewegung setzen, indem Sie dem Mann sagen: „Wenn Sie das Organisieren von Gruppen weiterhin auf einen Zeitpunkt in der Zukunft verschieben und wenn Ihnen *Freizeit* weiterhin am wichtigsten ist, werden Sie sich nie *weiterentwickeln* und werden ganz sicher kein *spirituelles Wachstum* erreichen."

Oder Sie können sagen: „Wenn Sie weiterhin auf diese Weise *Hektik* vermeiden, wird es nach einer Weile zum *Stillstand* kommen, und Sie werden schließlich im *Chaos* landen. Dann können Sie Ihrem spirituellen Wachstum endgültig Lebewohl sagen". Oder: „Sie sind auf dem besten Weg ins *Chaos*, wenn Sie weiterhin auf die bisherige Weise versuchen, möglichst viel *Freizeit* zu haben." Oder: „Die beste Methode, Ihr *spirituelles Wachstum* zu vernachlässigen, besteht darin, weiterhin auf die bisherige Weise *Hektik* zu vermeiden."

So dreht sich die Spirale von links nach rechts, von rechts nach links, von unten nach oben und von oben nach unten.

Sie konfrontieren den Betreffenden mit den Folgen seines Verhaltens und spiegeln ihm wider, daß ihm das, woran ihm am meisten liegt, nämlich *spirituelles Wachstum*, versagt bleiben könnte. Außerdem jagen Sie ihm einen Schrecken ein, indem Sie ihm vor Augen führen, daß er sich durch sein Verhalten das Gegenteil von *spirituellem Wachstum* einhandeln wird, seinen schlimmsten Alptraum, *Chaos*.

Sie möchten mehr Zeit zum Meditieren haben?

Kennen Sie das: Sie fühlen sich beim Meditieren sehr ruhig und glücklich, und trotzdem verwenden Sie, verglichen mit anderen Aktivitäten, nur sehr wenig Zeit darauf?

Weil das, was Sie tatsächlich tun, Aufschluß darüber gibt, was Sie wirklich wollen, ist aus Ihrem Verhalten zu schließen, daß Aktivität Ihnen im Grunde viel wichtiger ist als Meditation. Das ist nicht für jeden so, denn Menschen, die in Ashrams oder Klöstern leben, verwenden oft mehr Zeit auf Meditation als auf Aktivität in der Außenwelt.

Nehmen wir einmal an, Sie möchten Ihr Verhalten verändern und mehr Zeit für die Meditation aufwenden als im Augenblick. Das können Sie auf verschiedene Weisen erreichen. Eine Methode, die zu diesem Ziel führt, hat den Namen *Re-prioritizing* (Neuordnung der Prioritäten). Sie verändert die Art, wie unser Unbewußtes unsere Kriterien, Normen und Werte kodiert. In dieser Übung lernen Sie, anders mit Ihrem Gehirn umzugehen. Wir beschäftigen uns dabei nur mit der Form, in die der Inhalt verpackt ist.

Das Kriterium ist der Inhalt. Die Art, wie unser Gehirn diesen Inhalt präsentiert, ist die Form.

Die Form ist der Code, mit dessen Hilfe unser Gehirn einem bestimmten Inhalt Bedeutung gibt. Wenn wir den Code entschlüsseln und verändern, verändert sich auch unsere unbewußte automatische Reaktion auf den Inhalt.

Übung

Erinnern Sie sich an ein erfreuliches Ereignis und stellen Sie es sich bildlich vor. Was Sie sehen, ist der Inhalt der Erinnerung: Menschen, die Umgebung. Uns interessiert hier jedoch nur die Form – *wie* das Bild aussieht. Die Form ist der Code. Zuerst machen wir uns auf die Suche nach dem *visuellen Code*.

Sehen Sie sich selbst in dem Bild?
Wie weit ist das Bild von Ihnen entfernt?
Ist das Bild scharf oder verschwommen?
Sehen Sie Pastelltöne oder leuchtende Grundfarben?
Wie groß ist das Bild etwa?

Dann machen wir uns auf die Suche nach dem *auditiven Code*.

Umfaßt Ihr Erinnerungsbild Geräusche oder Stimmen?
Welche Lautstärke haben sie?
Wie weit sind sie entfernt?
Klingen sie scharf oder dumpf?
In welchem Tempo und Rhythmus ertönen sie?

Nun kommen wir zum *kinästhetischen Code.*

Welche Gefühlstemperatur ist mit dem Erinnerungsbild verbunden?
Welche Feuchtigkeit?
Findet Bewegung statt, wenn ja, in welcher Geschwindigkeit?
Wie fühlt sich Ihr Körper an?

Diese Aspekte sind zwar noch nicht der vollständige Code, aber für das Ziel, um das es uns hier geht, sind sie völlig ausreichend.

Testen Sie, wie sich die Veränderungen auswirken, die wir nun an diesen Codes vornehmen werden.

Verändern Sie den Abstand des Erinnerungsbildes. Rükken Sie es zwanzig Meter von sich weg und verkleinern Sie es. Stellen Sie fest, wie sich dies auf das Gefühl auswirkt, das Sie zu dem Bild haben.

Der Inhalt verändert sich nicht, wohl aber Ihr Gefühl. Ihr Gefühl resultiert aus Ihrer Beziehung zum Inhalt. Folglich hat sich auch Ihre Beziehung zum Inhalt verändert, und aus dieser *Beziehung* ergibt sich die *Bedeutung,* die Sie mit dem Inhalt verbinden.

Sie sehen: Durch bloßes Verändern der *Form* einer Erfahrung wird auch deren *Bedeutung* verändert!

Nun werden wir mit Ihrem Wunsch, mehr zu meditieren, ebenso verfahren.

Wenn Sie mehr meditieren wollen, müssen Sie der Meditation in Ihrem Bewußtsein einen höheren Stellenwert geben als bisher. Wie erreichen Sie das? Die Antwort ist einfach: durch Neukodierung, denn dadurch kommt es gleichzeitig zu einer Neubewertung.

1. Testen Sie die Ökologie der geplanten Veränderung. Stellen Sie sich vor, daß Sie schon jetzt mehr meditieren. Stellen Sie fest, wie sich dies auf die verschiedenen Bereiche Ihres Lebens auswirkt – auf Ihre nächsten Familienangehörigen, auf Ihren Partner, Ihre Arbeit und Ihren Kontakt zu Freunden.

2. Wählen Sie nun drei Stufen einer Ihrer Wertepyramiden aus. Es kann jede beliebige Pyramide sein; der Inhalt tut nichts zur Sache. Achten Sie nur darauf, daß Sie kein Kriterium auswählen, bei dem sowohl Aktivität als auch Meditation eine Rolle spielen.

3. Entwickeln Sie zu jeder dieser Stufen eine symbolische Vorstellung und notieren Sie die *Submodalitäten*, die Codes, in denen die relative Bedeutung dieser drei Kriterien zum Ausdruck kommt. In den meisten Fällen ist es am besten, die linke Seite der Pyramide zu verwenden.

4. Stellen Sie sich die drei Kriterien jetzt gleichzeitig visuell vor. Schauen Sie sie genau an und notieren Sie, wie Sie an der Form erkennen, welche wichtig und welche weniger wichtig sind.

Notieren Sie, wie das wichtigste Kriterium vor Ihren Augen erscheint: Entfernung, Umfang, Farben, scharf oder verschwommen, hell oder dunkel.

Notieren Sie, wie das zweitwichtigste Kriterium beschaffen ist.

Notieren Sie schließlich auch die visuellen Codes des untersten Kriteriums auf der Leiter. (Sie können das gleiche auch mit dem auditiven Code machen.)

Nachdem Sie sich die Unterschiede angeschaut haben, wissen Sie, wie ein wichtiges Kriterium aussieht und wie es sich von einem weniger wichtigen unterscheidet.

Nehmen wir einmal an, daß das wichtigste Kriterium am größten und dem Betrachter am nächsten erscheint.

5. Entwickeln Sie jetzt ein visuelles Symbol für die Kriterien „Aktivität" und „Meditation". Verändern Sie allmählich einen visuellen Code Ihrer Vorstellung von „Meditation", so daß „Meditation" wichtiger wird. Sie können das Bild beispielsweise etwas näher heranrücken lassen. Spüren Sie den Unterschied. Wenn Meditation dadurch wichtiger für Sie wird, halten Sie das neue Bild in dieser Entfernung fest (sagen Sie laut „klick", während Sie es in dieser Form sehen). Verändern Sie nun auch die Größe des Bildes, damit es noch wichtiger wird. Korrigieren Sie nötigenfalls auch seine Lichtstärke und Schärfe.

6. Fahren Sie so lange mit diesen Veränderungen fort, bis die aktuelle Beziehung zwischen den beiden Kriterien eher Ihren Vorstellungen von der Bedeutung des Kriteriums Meditation entspricht.

7. Überprüfen Sie die Stabilität der Veränderungen. Denken Sie noch einmal an „Meditation" und prüfen Sie, ob das Bild, das nun in Ihrem Geist auftaucht, noch die neue Form, den neuen Abstand, die neuen Ausmaße, die neue Lichtstärke und die neue Schärfe hat.

8. Test: Denken Sie jetzt an eine Situation in der Zukunft, in der Meditation wichtiger geworden sein soll, als sie jetzt ist. Begeben Sie sich in diese Situation, und erleben Sie sie so intensiv wie möglich. Fühlen Sie, ob eine Veränderung eingetreten ist, ob Sie tatsächlich eine größere Neigung zu meditieren verspüren.

Damit haben Sie die Neukodierung erfolgreich zum Abschluß gebracht. Sollte es in Ihrem Leben noch andere Kriterien geben, deren Rang Sie verändern wollen, dann wissen Sie nun, wie Sie dies erreichen können.

Statt dem untergeordneten Kriterium eine größere Bedeutung zu geben, können Sie natürlich auch die wichtigsten Kriterien unwichtiger machen und so das Verhältnis der Kriterien zueinander verändern.

Noch einfachere Methoden der Transformation

Außer der Neukodierung gibt es noch andere, manchmal sehr ungewöhnlich anmutende Möglichkeiten, kreativ mit Kriterien umzugehen und sie zu verändern. Ich meine die Arbeit mit verbalen Mustern, Übungen, die Menschen zu einem Aha-Erlebnis verhelfen, sie motivieren und zur Aktivität anregen können. Wenn Sie diese Möglichkeiten voll ausschöpfen wollen, um andere zu motivieren oder ihnen bei ihrer Transformation zu helfen, sollten Sie mit einem allgemein hochgeschätzten Kriterium arbeiten, mit dem wir uns bereits ausführlicher beschäftigt haben.

Wenn beispielsweise jemand sagt: „Ich will mehr Ruhe“, dann kann das bedeuten: „Ich möchte mehr Zeit zum Nichstun haben", es kann aber auch beinhalten: „Ich will mehr inneren Frieden."

Die Arbeit mit verbalen Mustern dient dazu, Menschen, die sich in einem Zustand der Stagnation befinden, die von etwas besessen sind, einen leichten Bewußtseinsschock zu versetzen.

1. Verändern des Zeitrahmens

Erweitern Sie das Zeitbewußtsein. Schauen Sie zehn oder fünfzig Jahre nach vorn in die Zukunft oder zurück in die Vergangenheit.

Der Mann aus unserem schon so oft zitierten Beispiel sagt: „Ich möchte beim Organisieren von Gruppen nichts überstürzen."

Entgegnung: „Wenn Sie dreißig Jahre älter sind, werden Sie dann stolz darauf sein, wie Sie mit diesem Vorhaben umgegangen sind?"

2. Übertreiben eines Kriteriums

Dehnen Sie es aus – machen Sie es umfassender und allgemeingültiger.

Ein Mann, der arbeitet, eine Familie mit vier kleinen Kindern hat und ohnehin schon sehr viel Zeit mit Meditation verbringt, sagt: „Ich will mehr Zeit für meine Meditation haben."

Entgegnung: „Stellen Sie sich vor, daß Sie ein Jahr lang nur meditieren. Wie würde es dann Ihrer Familie gehen, und wie würde Ihr Alltagsleben aussehen?"

Jemand, der schon sehr viel weiß und viel gelesen hat, sagt: „Ich möchte mir mehr Wissen aneignen."

Entgegnung: „Wenn Sie Ihre gesamte Zeit darauf verwenden, sich Wissen anzueignen, wann wollen Sie all dieses Wissen in Ihrem Leben anwenden, und wie wollen Sie sich dann noch weiterentwickeln?"

3. Neudefinieren der Bedeutung

Verändern Sie die Bedeutung des Kriteriums oder geben Sie ihm eine neue Bedeutung.

Jemand sagt: „Spirituell zu leben bedeutet für mich, niemals etwas falsch zu machen."

Entgegnung: „Spirituell zu leben bedeutet, bewußter zu werden und aus den eigenen Fehlern zu lernen, nicht, niemals einen Fehler zu machen."

4. Verändern des Standpunkts, von dem aus das Kriterium erfahren wird

Fordern Sie den Klienten auf, seine Wahrnehmungsposition von der Ich-Position (1. Position) in die Position eines neutralen Zeugen zu verlagern, oder fordern Sie ihn auf, sich in einen anderen Beteiligten hineinzuversetzen.

Ein Mensch, der unablässig Forderungen stellt, sagt: „Ich will mehr Freiheit."

Entgegnung: „Stellen Sie sich vor Ihre Frau und Ihre Kinder wollten ebensoviel Freiheit wie Sie. Was würde dann geschehen?"

5. Gegenbeispiel

Sie führen ein Beispiel an, das sich auf die gleiche oder eine ähnliche Situation bezieht, jedoch zu einem genau gegenteiligen Resultat führt.

Jemand sagt: „Ehrlichkeit ist für mich das Allerwichtigste im Leben."

Entgegnung: „Wenn das Kind Ihrer Freunde am Nikolausabend voller Erwartung seinen Schuh vor die Tür stellt, sagen Sie ihm dann, daß all das nur ein Märchen ist und es keinen Nikolaus gibt?"

6. Suchen eines passenderen Vergleichs

Wenn jemand sich ständig selbst in Schwierigkeiten bringt oder sich schlecht fühlt, weil er sich immer wieder mit anderen vergleicht, die ihm in bestimmter Hinsicht überlegen sind, dann halten Sie dem einen anderen Vergleich entgegen, bei dem der Betreffende besser wegkommt.

Jemand sagt: „Ich weiß viel weniger über NLP als Richard Bandler."

Entgegnung: „Aber Sie wissen viel mehr darüber als Emil."

Oder: „Aber Sie wissen schon viel mehr darüber als letztes Jahr."

Oder: „Aber Sie verstehen wesentlich mehr davon als 98 Prozent der Bevölkerung."

7. Anwendung des Kriteriums auf sich selbst

Erforschen Sie die Bedeutung eines Kriteriums oder die Bedeutung im weiteren Sinne anhand des Kriteriums selbst.

Jemand sagt: „Einen Gebrauchtwagen zu kaufen ist die beste Entscheidung, die Sie treffen können." (Kriterium: Sparsamkeit)

Wenn jemand gerade viel für die Instandhaltung eines Gebrauchtwagens bezahlt hat, können Sie entgegnen: „Wieviel spart man denn tatsächlich, wenn man einen Gebrauchtwagen kauft?"

8. Umkehren der Voraussetzung

„A verursacht B" wird umgekehrt zu „B verursacht A".

Jemand sagt: „Wenn ich etwas verstanden habe, werde ich aktiv."

Entgegnung: „Wie kann Aktivität Ihnen helfen, mehr zu verstehen?"

A = B / A = Gegenteil von B.

Jemand behauptet: „Spiritualität ist eine Illusion."

Entgegnung: „Wie könnte Spiritualität Sie der Wirklichkeit näherbringen?"

Automatismen in der Spiritualität: Fluch oder Segen?

Da jeder von uns ein ganz persönliches und einzigartiges Modell von der Welt hat und wir alle dazu tendieren, dieses Modell den realen Geschehnissen und Menschen in der Außenwelt überzustülpen, muß jeder sein persönliches Karma abarbeiten. Die meisten tun dies, indem sie ständig das gleiche Muster wiederholen, bis sie schließlich dessen Sinn verstehen. Doch stellt sich dieses Verständnis leider nur sehr selten ein. Es ist, als müßten wir immer wieder von neuem das Rad erfinden und würden darüber gar nicht zum Fahren kommen. Auf diese Weise bleiben wir an das Rad des Karma gekettet.

Wer hat unser Weltmodell für uns vorprogrammiert? In erster Linie waren das diejenigen, die uns in unserem derzeitigen Leben erzogen haben. Ein weiterer Faktor, der diese Konditionierung beeinflußt, ist der unbewußte Kern in uns, den wir aus früheren Existenzformen mitgebracht haben.

Es ist höchste Zeit, daß wir uns von dieser Programmierung unabhängig machen und bewußt mit dem Abtragen unseres Karma beginnen.

Nach meinem Weltmodell tragen wir Karma ab, indem wir uns die ursprüngliche Einheit allen Lebens und allen Bewußtseins vergegenwärtigen und dadurch lernen, den illusionären Charakter dieses Lebens zu ergründen. Paradoxerweise wird es uns genau dadurch möglich, das Leben als ein großes Geschenk zu begreifen, das uns dargeboten wird, und dieses Geschenk zu genießen.

Wenn wir *völlig* in die Dualität des Lebens eingetaucht sind und uns *nur* der Dualität bewußt sind, haben wir die Bedeutung des Karma noch nicht begriffen. Dies hat zur Folge, daß wir unablässig das gleiche Muster in unterschiedlichen Formen wiederholen. Unsere Automatismen erscheinen angesichts unserer Bemühungen um Weiterentwicklung wie ein Fluch.

Doch was hindert uns daran, den Spieß umzudrehen und genau diesen automatisierten Identifikationsprozeß zu *nutzen*, um zum tiefsten göttlichen Kern in uns zu gelangen? Was hindert uns daran, uns mit der Tatsache vertraut zu machen, daß wir Kinder Gottes sind, nach Seinem Bild und Gleichnis geschaffen?

Was hindert uns, uns mit dem „Vater in uns, der alle Dinge bewirkt" zu identifizieren, was immer dieser Vater unserem Bewußtsein auch sein mag. Für den einen ist er der Eine, für andere die Quelle, aus der alles hervorgegangen ist.

Während ich dies niederschreibe, ist mit der Post eine Zeitschrift gekommen, in der ein Auszug der Rede abgedruckt ist, die Nelson Mandela im Jahre 1994 anläßlich seines Amtsantritts als Präsident von Südafrika gehalten hat. Darin sagt er: „Unsere tiefste Angst ist nicht, daß wir unkundig und unsere Fähigkeiten unzureichend sind. Unsere tiefste Angst ist, daß wir alle Grenzen zu überschreiten vermögen. Am meisten erschreckt uns unser Licht, nicht unser Schatten. Wir alle sind Kinder Gottes. Indem wir tun, als wären wir hilflos, helfen wir der Welt keinen Schritt weiter. Wir sind geboren, um Gott, der in uns ist, zu manifestieren. Und indem wir dies bei uns selbst erreichen, ebnen wir anderen den Weg, das gleiche zu tun."

Um dies zu erreichen, müssen wir unsere Intelligenz, unseren Geist benutzen. Wir benutzen also ein Werkzeug der dualistischen (oder materiellen) Welt, um uns der Einheit bewußt zu werden. Darin liegt sowohl unser Problem als auch unsere Chance.

Ein Paradies zum Mitnehmen

In diesem Kapitel werden wir uns noch einmal in das Einheitsbewußtsein vertiefen, diesmal jedoch auf eine etwas andere Weise. Ich empfehle Ihnen, die folgende Übungsanleitung ganz zu lesen, bevor Sie die Übung machen. Wie alle anderen Übungen in diesem Buch ist sie sehr einfach.

Erster Teil

Setzen Sie sich bequem auf einen Stuhl und stellen Sie sich vor, daß ein leuchtender Ball aus Licht über Ihrem Kopf schwebt. Dieses Licht repräsentiert Ihr höheres Bewußtsein, das der Quelle des Lebens am nächsten ist.

Stellen Sie sich vor: Ein Strahl aus Licht dringt in Ihren Schädel ein, durchflutet Ihren ganzen Körper und verläuft durch Ihre Füße zum Mittelpunkt der Erde.

Ziehen Sie beim nächsten Einatmen die reine Lebensenergie aus der Erde zu sich empor, durch Ihre Füße zum Punkt in der Mitte Ihrer Brust.

Lassen Sie erneut einen Energiestrahl aus der Lichtkugel austreten und verbinden Sie die beiden Strahlen in der Mitte Ihrer Brust. Dort entsteht eine neue, kleinere Kugel, eine Mischung aus irdischer und spiritueller Energie.

Lassen Sie nun zu, daß sich diese Energiekugel in Ihrem ganzen Körper ausbreitet, daß sie alle Ihre Zellen erfaßt, und lassen Sie sie weiter wachsen, so daß sie schließlich Ihren Körper, Ihre Aura und den gesamten Raum, in dem Sie sich befinden, ausfüllt.

Saugen Sie jetzt das Bewußtsein aller Materie, aller Pflanzen und Tiere in dem Raum, in dem Sie sich befinden, in sich auf, so daß es sich in der Mitte Ihrer Brust sammelt. Bringen Sie ein Gefühl der Dankbarkeit zum Ausdruck und vergegenwärtigen Sie sich, daß alles der gleichen Lebensquelle entstammt. Richten Sie Ihre Aufmerksamkeit auf die Einheit. Senden Sie alles, was Sie zuvor in Ihrem Herzen konzentriert haben, erfüllt mit Licht, Liebe und Harmonie wieder nach außen zurück, und nehmen Sie die Energie, die Sie in den Raum ausgestrahlt haben, wieder in Ihr Inneres zurück. Halten Sie die Energie wie eine leuchtende Perle aus Licht in der Mitte Ihrer Brust.

Zweiter Teil

Schauen Sie auf Ihre, mit der Handfläche nach oben weisende rechte Hand und untersuchen Sie die Linien und Poren auf Ihrer Haut.

Schließen Sie dann die Augen, halten Sie den Kopf gerade, richten Sie die geschlossenen Augen in dieser Haltung schräg nach oben und lassen Sie die Hand vor Ihrem geistigen Auge erscheinen. Untersuchen Sie erneut die Linien und Poren darauf.

Stellen Sie sich nun vor, daß Sie durch ein Elektronenmikroskop in die Mitte Ihrer Handfläche schauen. Die Poren sehen nun aus wie Krater, die Linien wie Autobahnen. Lassen Sie sich eine Minute Zeit, um sich dies völlig zu vergegenwärtigen.

Erhöhen Sie nun die Vergrößerung des Mikroskops. Zu Ihrem Erstaunen stellen Sie fest, daß Sie sich in einem riesigen rosafarbenen Krater befinden. Erleben Sie dies und spüren Sie, welche Auswirkung es auf Sie hat.

Vergrößern Sie das Bild jetzt noch stärker. Sie finden sich in einem rosafarbenen Raum wieder, in dem Molekülketten schweben. Schauen, hören und fühlen Sie dies eine Minute lang.

Vergrößern Sie das Bild erneut. Sie befinden sich nun in einer der Molekülketten und sehen überall um sich her Raum, in dem Gegenstände schweben wie Planeten im All. Sie wissen, daß dies Atome sind. Schauen, hören und erleben Sie dies eine Minute lang oder länger, wenn Sie wollen.

Vergrößern Sie das Bild noch einmal. Sie befinden sich nun mitten in einem riesigen Raum. In weiter Ferne sehen Sie Elektronen in atemberaubendem Tempo wie Sternschnuppen daherrasen. Schauen, hören und erleben Sie dies.

Versetzen Sie sich nun in den Kern des Atoms und erleben Sie den kreativen Raum dort, in dem nur gelegentlich ein Quantenteilchen auftaucht. Ansonsten ist dort nur Leere. Erfahren Sie diese Leere.

Bleiben Sie so lange in dieser Leere, wie es Ihnen gefällt. Genießen Sie die Leere. Wenn Sie sie wirklich genießen, legen Sie Daumen und Zeigefinger aufeinander und ankern dieses Gefühl zusätzlich zu dem Gefühl der Ruhe, das Sie bereits geankert haben. Wenn Sie zurückkehren wollen, tun Sie dies Schritt für Schritt, wobei Sie nach jedem Schritt kurz verweilen.

Sie sehen nacheinander die Atome, die Molekülketten, die Innenwände des Kraters, dann die Krater und Autobahnen, Ihre Handfläche und schließlich wieder Ihre ganze Hand.

Legen Sie dieses Büchlein nun kurz zur Seite und machen Sie die Übung! Sie werden sehen, daß Sie in eine Art Paradies gelangen. Bleiben Sie dort, solange Sie wollen. Ihre biologische Uhr läuft in einem anderen Teil Ihres Bewußtseins weiter und ruft Sie zurück, wenn die Zeit dafür gekommen ist.

Wenn wir nach dieser Übung an unsere Handfläche zurückdenken, können wir uns wahrscheinlich besser vorstellen, daß das *Eine* in uns ist, daß unser ganzer Körper aus Raum besteht, der mit diesem *Einen*, dieser alles umfassenden *göttlichen Intelligenz* angefüllt ist.

Die Intelligenz in unserem leeren Raum erschafft unseren Körper unablässig neu. In jeder Sekunde sterben Zellen ab und ständig entstehen neue.

Wir bestehen aus dieser Intelligenz, wir selbst *sind* diese Intelligenz in unserem Wesen. Wie könnte es anders sein?

Deshalb können wir uns jetzt mit dieser Intelligenz identifizieren; wir können uns mit diesem Gefühl identifizieren. Was ich in jenem inneren Raum gefühlt habe, ist mein wahres Ich. Alles andere, womit ich mich identifiziere, alles, was ich als „ich selbst" bezeichne oder was andere aus mir machen, ist veränderlich und illusionär.

Wenn Sie in jenem Raum einen Klang gehört haben, dann lassen Sie ihn erneut in sich erklingen und spüren Sie, wie sich dadurch erneut das Gefühl von unendlichem Raum einstellt.

Begeben Sie sich noch einmal in diesen Raum, und wenn sich das Gefühl eingestellt hat, ankern Sie es, indem Sie Daumen und Zeigefinger in einer bestimmten Weise zusammenlegen, beispielsweise in einer Kreisform.

So können Sie das Gefühl der Einheit, der Göttlichkeit in sich selbst in jedem Augenblick erzeugen, in dem Sie das Bedürfnis danach haben. Wenn Sie dies regelmäßig tun, wird das Gefühl Sie schließlich nicht mehr verlassen. Es begleitet Sie dann ständig und wird Ihr eigenes „Paradies zum Mitnehmen".

Auch die Welt, die Sie umgibt, werden Sie dann anders erfahren. Sie werden in zunehmendem Maße zum Schöpfer Ihres eigenen Lebens, gemeinsam mit dem Schöpfer in Ihrem Inneren.

Sind Sie wirklich von Ihrer Mission überzeugt?

Einer der Grundgedanken des NLP ist, daß ein Mensch bei allem, was er tut, mindestens drei Perspektiven zur Auswahl hat.

1. die eigene Perspektive,
2. die Perspektive eines neutralen Zeugen,
3. die Perspektive eines anderen Beteiligten, eines Freundes oder einer Freundin.

Wenn Sie den Platz eines anderen einnehmen, sich vorstellen, daß Sie der andere sind, und sich völlig in diese Sichtweise hineinversetzen, werden Sie zu Ihrer eigenen Überraschung feststellen, daß Sie plötzlich über andere Informationen verfügen, als Ihnen zur Verfügung stehen, wenn Sie sich auf Ihre eigene Perspektive beschränken. Sie kommen dann nämlich mit einem Teil jener 80 Prozent Informationen in Kontakt, die Sie gewöhnlich aus Ihrem Bewußtsein ausfiltern. Ebenso ist es auch, wenn Sie sich in die Perspektive eines neutralen Zeugen hineinversetzen. Sie werden dies jedoch nur erfahren, wenn Sie zuvor die folgende Übung machen. Ich habe sie schon Hunderte von Malen in Workshops benutzt, und es macht mir immer wieder ungeheures Vergnügen zu sehen, wie verblüfft die Teilnehmer über das sind, was sie dabei erleben. Auch dies ist eine Möglichkeit, den Umgang mit dem eigenen Unbewußten zu erlernen.

Robert Dilts hat Übungen entwickelt, mit deren Hilfe man eigenen Überzeugungen auf die Spur kommen kann. Eine von diesen verwende ich gelegentlich, um Menschen zu helfen, sich ihrer Mission bewußt zu werden. Wir können mit Hilfe dieser Übungen aber auch nach einem Teil der Mission suchen.

Übung

Schreiben Sie eines Ihrer Ziele in Form eines kurzen, aussagekräftigen und positiv formulierten Satzes auf. Beispielsweise: „Ich will …"

Es folgt eine Liste von Aussagen. Lesen Sie sie und bewerten Sie dann mit einer Zahl zwischen 1 und 5, für wie zutreffend (bezüglich Ihrer Situation) Sie jede einzelne Aussage im Augenblick halten. Dabei steht „1" für „überhaupt nicht" und „5" für „völlig".

Mein Ziel ist erstrebenswert und der Mühe wert.
Es ist möglich, mein Ziel zu erreichen.
Was ich tun muß, um mein Ziel zu erreichen, ist klar und ökologisch vertretbar.
Ich verfüge über die Fähigkeiten, die ich brauche, um mein Ziel zu erreichen.
Ich verdiene es, mein Ziel zu erreichen.

Schauen Sie sich jetzt die Aussage an, die Ihrer Meinung nach am wenigsten auf Ihre Situation zutrifft. Mit dieser Überzeugung werden wir uns nun näher beschäftigen.

Nehmen wir an, es sei die erste Überzeugung. Im folgenden finden Sie eine Reihe von Wörtern. Wiederholen Sie die erste Überzeugung, und setzen Sie das erste Wort in der Reihe dahinter. Ergänzen Sie es zu einem vollständigen Satz, indem Sie hinzufügen, was Ihnen als erstes in den Sinn kommt.

Beispiel: Mein Ziel ist erstrebenswert, *weil* ich …
sobald *ich*
nachdem *ich*
während *ich*

so daß *ich*
wenn *ich*
obwohl *ich*
auf die gleiche Art wie *ich*

Versetzen Sie sich, nachdem Sie die Übung aus Ihrer eigenen Perspektive gemacht haben, in die Perspektive eines guten Freundes oder einer Freundin, die zu Ihnen spricht. Er oder sie sagt: „Dein Ziel ist erstrebenswert, weil *du* …" Setzen Sie hier ein, was der Freund oder die Freundin Ihrer Meinung nach über Sie sagen könnte.

Wiederholen Sie dies anschließend mit der Perspektive eines neutralen Beobachters. Dieser sagt über Sie: „Sein (oder ihr) Ziel ist erstrebenswert, weil *er* (oder *sie*) …" Ergänzen Sie hier, was ein neutraler Beobachter Ihrer Meinung nach über Sie sagen könnte.

Ordnen Sie nach Abschluß dieser drei Durchgänge der Überzeugung, an die Sie am wenigsten glauben, erneut eine Zahl zu, und stellen Sie fest, ob Sie nun stärker oder weniger stark daran glauben.

Nehmen Sie sich daraufhin die Überzeugung vor, die Ihnen am nächst-unglaubwürdigsten erscheint. Stellen Sie auch in diesem Fall wieder fest, ob – und wenn ja wie – sich Ihre Einschätzung nach Abschluß der Übung verändert hat.

Ist möglicherweise bei alldem irgendeine andere Überzeugung zum Vorschein gekommen, die Sie darin unterstützt, Ihr Ziel zu erreichen, oder eine, die Sie daran hindert?

Denken Sie einmal gut darüber nach. Räumen Sie etwaige innere Hindernisse aus dem Weg oder verändern Sie Ihre Zielsetzung.

Wenn Sie diese Übung zu zweit machen, sollte der Begleiter die in diesem Kapitel niedergeschriebenen Sätze am Schluß vorlesen, als ob er der Zeuge oder der Freund / die Freundin wäre.

Eine Reise zu Ihrer Empfängnis und zurück

Sie wollen sich spirituell entwickeln. Das ist auf der höchsten Ebene Ihre Aufgabe: einen Zustand des *Seins* zu erreichen. Der andere Aspekt Ihrer Lebensaufgabe liegt, wie ich bereits erklärt habe, auf der Ebene des *Verhaltens*, des *Tuns*.

Die Erfüllung Ihrer Aufgabe, der Dienst an der Gemeinschaft, vertieft und beschleunigt Ihre spirituelle Entwicklung und bringt Sie dem angestrebten Zustand des *Seins* näher.

Ich, Paul Liekens, tue dies beispielsweise durch meine Lebensweise, dadurch, wie ich meine Frau und meine Kinder liebe, indem ich Bücher schreibe, Vorträge halte und Workshops, Kurse und Ausbildungen leite.

Ich betrachte das, was ich tue, als die Erfüllung meiner Mission, meiner Lebensaufgabe.

Übung

1. Stellen Sie sich in dem Raum, in dem Sie sich aufhalten, irgendwohin und bitten Sie Ihr Unbewußtes, sich Ihr Leben als eine Zeitlinie vorzustellen. Visualisieren Sie einen leuchtenden Punkt am Anfang dieser Linie, den Zeitpunkt Ihrer Empfängnis, und an der Stelle, an der Sie stehen, einen zweiten leuchtenden Punkt für

den jetzigen Augenblick. Wenn der Punkt Ihrer Empfängnis links von Ihnen liegt, verlängern Sie die Linie im Geiste nach rechts, in die Zukunft. Liegt der Punkt Ihrer Empfängnis rechts von Ihnen, so verlängern Sie die Linie in die Zukunft nach links. Bitten Sie Ihr Unbewußtes anschließend, die Zeitlinie an den Raum anzupassen, in dem Sie sich befinden, so daß Sie an ihr entlang oder auf ihr gehen können.

2. Denken Sie nun noch einmal an Ihre Lebensaufgabe, schauen Sie auf Ihrer Zeitlinie in die Zukunft, und lassen Sie Ihr Unbewußtes den Punkt auf der Zeitlinie anzeigen, an dem Sie Ihre Aufgabe erfüllen. Bewegen Sie sich *neben* der Zeitlinie zu dieser Stelle und treten Sie dann *auf* die Zeitlinie. Erleben Sie voll und ganz, wie es ist, wenn Sie Ihre Aufgabe erfüllen, und schreiben Sie auf, welches Gefühl Sie dabei haben.

3. Wenn Sie ein Gefühl wie Stolz, Genugtuung oder Glück empfinden, stellen Sie sich kurz neben die Zeitlinie und fragen Sie sich: „Ich bin glücklich (stolz, froh, zufrieden), daß ich meine Aufgabe erfülle. Wohin führt mich dies? Was erwartet mich hinter diesem Punkt des Glücks außerdem bezüglich meiner spirituellen Entwicklung?"

Fahren Sie fort, bis Sie etwas finden, das mit einem Seinszustand zu tun hat: *innere Ruhe, Verbundenheit, Einssein mit...* Suchen Sie eine Bezeichnung für dieses Gefühl und sprechen Sie das betreffende Wort innerlich aus. Ankern Sie es oder benutzen Sie einen bereits existierenden Anker.

4. Treten Sie erneut auf den Punkt auf der Zeitlinie, der die Situation repräsentiert, in der Sie Ihre Aufgabe erfüllen, und stellen Sie fest, welche Fähigkeiten und Ressourcen Sie jetzt benötigen.

Fühlen Sie, wie es ist, diese Ressourcen im erforderlichen Maße zur Verfügung zu haben.

Ankern Sie jeweils das Gefühl, das mit einer Ressource oder Fähigkeit verbunden ist, die Sie zur Erfüllung Ihrer Aufgabe benötigen. Legen Sie alle Anker, die mit Ihrer Lebensaufgabe in Zusammenhang stehen, aufeinander, so daß sie alle sich an einer einzigen Stelle befinden. Bezeichnen Sie anschließend das „Gesamtgefühl" mit einem einzigen Wort, das Sie innerlich aussprechen, oder geben Sie einen entsprechenden Laut von sich.

5. Halten Sie den Anker fest, treten Sie so neben die Linie, und gehen Sie an dieser entlang zum Punkt Ihrer Empfängnis.

Treten Sie an diesem Punkt wieder auf die Linie, schauen Sie in Richtung Gegenwart und verbinden Sie sich völlig mit dem Gefühl, das Sie aus der Zukunft mitgebracht haben. Wiederholen Sie das Wort, das Sie für das Gefühl gefunden haben, und lassen Sie das Gefühl in die Verschmelzung von Ei und Sperma hineinstrahlen. Halten Sie das Gefühl aufrecht und gehen Sie sehr langsam auf der Zeitlinie entlang, wobei Sie das Gefühl unablässig in das sich entwickelnde Embryo hineinstrahlen. Am Punkt der Geburt halten Sie inne. Konzentrieren Sie sich, wiederholen Sie das Wort und strahlen Sie das Gefühl so bewußt wie möglich in das Baby hinein, das nun geboren wird. Gehen Sie dann sehr langsam weiter, während Sie fortfahren, das Wort zu wiederholen und das Gefühl in Ihr heranwachsendes Ich hineinzustrahlen. Bei jedem wichtigen Ereignis, für das Sie diese Kraft benötigten, hält Ihr Unbewußtes automatisch inne. Das Bewußtsein braucht sich der Details dieses Prozesses nicht bewußt zu sein. Erhalten Sie das gute Gefühl aufrecht. Wenn Sie im Heute angelangt sind, halten Sie kurz inne.

6. Schauen Sie sich den nächsten Schritt an, den Sie auf dem Weg zur Erfüllung Ihrer Aufgabe tun werden, und erfahren Sie, ob und wie Sie diesem nun anders gegenüberstehen. Gehen Sie auf der Zeitlinie langsam zu dem Punkt in der Zukunft, an dem Sie bereits gestanden haben. Wiederholen Sie innerlich das Wort oder Geräusch und durchtränken Sie Ihre Zeitlinie mit diesem Gefühl und dieser Energie, während Sie zum betreffenden Punkt gehen. Treten Sie anschließend neben die Zeitlinie und gehen Sie an ihr entlang zum Heute.

Ich wäre nicht überrascht, wenn Sie feststellen würden, daß die Energie Sie auch nach Abschluß der Übung weiterhin erfüllt und Sie in den folgenden Tagen und Wochen auf alle möglichen neuen Dinge und Menschen aufmerksam werden, die Ihnen helfen, den nächsten Schritt zur Verwirklichung Ihrer Lebensaufgabe zu tun.

Von oben nach unten

Wir werden uns nun damit befassen, wie die Übungen, die Sie bisher gemacht haben, die sechs logischen Ebenen in Ihrem Leben beeinflussen.

Übung

Nehmen Sie sechs Zettel und schreiben Sie jeweils die Bezeichnung für eine der sechs logischen Ebenen darauf: „Mission/Lebensaufgabe", „Identität", „Überzeugungen", „Fähigkeiten und Fertigkeiten", „Verhalten" und „Umgebung und äußere Umstände"

Legen Sie diese Zettel auf den Boden, wobei der Zettel mit der Aufschrift „Mission" oben liegt und in einem Abstand von jeweils 40 Zentimeter darunter die übrigen, in der oben angegebenen Reihenfolge. Stellen Sie sich nun an die Stelle, wo der Zettel mit der Aufschrift *Mission* liegt.

1. Verbinden Sie sich erneut mit dem Gefühl der Einheit. Benutzen Sie dabei den Anker, der mit Ihrer Mission verbunden ist.

2. Begeben Sie sich anschließend zu der Stelle, wo der Zettel mit der Aufschrift *Identität* liegt. Machen Sie sich bewußt, wie die Arbeit an Ihrer Mission Ihre Vorstellung über sich selbst bereichert hat.

3. Begeben Sie sich dann zu der Stelle, wo der Zettel mit der Aufschrift *Überzeugungen* liegt, und registrieren Sie, wie die Kraft Ihrer Mission und Ihrer erweiterten Vorstellung über sich selbst Ihre Überzeugungen bereichert.

4. Gehen Sie nun zu der Stelle, wo der Zettel mit der Aufschrift *Fähigkeiten und Fertigkeiten* liegt, und nehmen Sie die Kraft Ihrer Mission, Ihrer Vorstellungen über sich selbst und Ihrer Überzeugungen dort-

hin mit. Erfahren Sie, wie Ihr Gefühl bezüglich Ihrer Fähigkeiten und Fertigkeiten dadurch stärker wird.

5. Gehen Sie jetzt zu der Stelle, wo der Zettel mit der Aufschrift *Verhalten* liegt. Nehmen Sie alle vorherigen Ebenen mit dorthin und stellen Sie fest, wie sie alle sich in Ihrem Verhalten widerspiegeln. Schauen Sie sich den nächsten Schritt an, den Sie auf dem Weg zur Verwirklichung Ihrer Mission gehen werden, und erfahren Sie, inwiefern sich Ihre Einstellung ihm gegenüber nun verändert hat. Spüren Sie, wie sich das anfühlt, und lauschen Sie auf das, was Sie nun zu sich selbst sagen.

6. Gehen Sie anschließend zu dem Zettel mit der Aufschrift *Umgebung und äußere Umstände* und registrieren Sie, wie Sie auch diese jetzt anders erfahren.

Sie haben nun getan, was Sie tun konnten. Sie sind besser als je zuvor darauf vorbereitet, sich schnell und bewußt in die Richtung weiterzuentwickeln, die Sie selbst gewählt haben.

Noch einmal Arbeit an der Mission

Wir werden nun noch einmal mit den drei Positionen arbeiten, um Ihr Gefühl angesichts des Erfüllens Ihrer Mission und die dazugehörigen Ressourcen in Ihnen zu verstärken.

Wir fügen dem jetzt noch die Dimension der Zeit hinzu: Vergangenheit, Gegenwart und Zukunft. Erwecken Sie dieses Gefühl in sich, während Sie nacheinander jede der drei Wahrnehmungspositionen einnehmen. Benutzen Sie dazu den kombinierten Anker, den Sie ab Seite 112 kennengelernt haben, denn dieser Anker gehört zu Ihrer Mission.

Erste Position
Sie sind Sie selbst und begeben sich als Sie selbst beispielsweise in die Vergangenheit. Schauen Sie sich von dort aus selbst in der Gegenwart an (erste Position, Gegenwart). Sehen Sie, wie Sie sich im Hinblick auf die Position, in der Sie sich jetzt befinden (zweite Position, Vergangenheit), bereits weiterentwickelt haben, und reden Sie sich von diesem Standpunkt aus gut zu, gratulieren Sie sich, ermutigen Sie sich oder geben Sie sich einen guten Rat.

Begeben Sie sich anschließend wieder in die Gegenwart, zur ersten Position, und empfangen Sie die obige Botschaft. Rekapitulieren Sie innerlich, was Sie aus der Vergangenheit empfangen haben, und spüren Sie, was dies in Ihnen bewirkt.

Zweite Position
Ein neutraler Zeuge, der Ihnen zuschaut.

Dritte Position
Ein Mentor oder ein sehr guter Freund beziehungsweise eine sehr gute Freundin.

Auch der Mentor und der neutrale Zeuge können von der Gegenwart, Vergangenheit oder Zukunft aus Rat geben.

Übung

1. Wählen Sie einen Punkt, der die erste Position in der Gegenwart repräsentiert, und stellen Sie sich assoziiert auf diesen. Versetzen Sie sich wieder in das Gefühl, das Sie beim Erfüllen Ihrer Mission hatten. Benutzen Sie dazu den Anker, indem Sie sowohl die entsprechende Geste ausführen als auch das gewählte Wort innerlich aussprechen.

2. Beziehen Sie nun nacheinander die übrigen Wahrnehmungsperspektiven ein, wobei Sie sich die Qualität der jeweiligen Perspektive und das damit verbundene Gefühl aneignen.

In der Zukunft:	Erste Position: Ich Zweite Position: neutral Dritte Position: Mentor
In der Gegenwart:	Erste Position: Ich Zweite Position: neutral Dritte Position: Mentor
In der Vergangenheit:	Erste Position: Ich Zweite Position: neutral Dritte Position: Mentor

Werden Sie sich bewußt, wie die Einbeziehung der Qualitäten der verschiedenen Perspektiven Ihre Erfahrung in der Gegenwart bereichert. Schauen Sie sich selbst von jeder Position aus in der Gegenwart (erste Position, Gegenwart) an und übermitteln Sie sich in der Gegenwart eine Botschaft oder eine Überzeugung, die Ihnen helfen wird, sich noch stärker dem Gefühl, der Fähigkeit und den Ressourcen zu öffnen, die Ihnen beim Erreichen Ihres Ziels und bei der Erfüllung Ihrer Aufgabe helfen werden.

Begeben Sie sich anschließend wieder in die erste Position, Gegenwart, und empfangen Sie die Botschaft aus der Position, die Sie soeben verlassen haben. Wenn Sie die Übung mit einem Begleiter machen, kann dieser sich kurz in die Position, die Sie soeben verlassen haben, stellen und von dort aus die Botschaft an Sie wiederholen, während Sie in der Gegenwart stehen, genauso wie Sie selbst soeben dort gestanden haben.

In der ersten Position, Gegenwart, wiederholen Sie die Botschaft wie folgt: „Ich bin dankbar zu hören, daß..." (Hier folgt die Wiederholung der Botschaft). Verfahren Sie auch mit allen übrigen Positionen so.

Es kann sehr bewegend sein, diese Übung mit einem Freund oder einer Freundin als Begleiter zu machen und die Botschaften aus seinem/ihrem Mund noch einmal zu hören. Sie dringt dann tief in Ihr Unbewußtes ein, wirkt dort und hilft Ihnen, Ihrem eigentlichen Seinszustand immer näher zu kommen.

	Vergangenheit	**Gegenwart**	**Zukunft**
Zweite Position	Ich bin offen für	Ich bin offen für	Ich bin offen für
Erste Position	Ich bin offen für	Das Gefühl bei der Mission	Ich bin offen für
Dritte Position	Ich bin offen für	Ich bin offen für	Ich bin offen für

Schauen Sie sich, nachdem Sie die Übung beendet haben, noch einmal Ihre Mission und den nächsten Schritt an, den Sie tun werden. Spüren Sie, wie sich Ihre Beziehung zu ihm verändert hat.

Zum Abschluß

Ich bin sehr froh und dankbar, daß ich dieses Büchlein schreiben konnte. Es ist mein elftes Buch. Numerologisch scheint mir dies sehr passend. Die 11 besteht aus einer 1 und einer 1, also zusammen 2, wobei die erste 1 das Göttliche in unmanifestierter Form repräsentiert und die zweite 1 das Göttliche, das in der 2, der Dualität, der manifestierten Materie, zum Ausdruck kommt.

Und darum ging es in diesem Buch. Die Arbeit daran hat mich dazu gebracht, meine Reflexion über den Sinn des Lebens zu vertiefen. Sie hat mir noch stärker zu Bewußtsein gebracht, daß NLP ein Werkzeug echter spiritueller Entwicklung sein kann, weil NLP im Grunde nichts anderes will, als uns die **N***atürlichen* **L***ebens*-**P***rozesse* bewußt zu machen. Und die natürlichen Lebensprozesse können nur spirituell sein.

Das Schreiben hat mir einmal mehr zu Bewußtsein gebracht, welch wunderbares Wesen der Mensch ist und daß er sein Leben zu einem Geschenk machen kann, statt es als Bedrohung zu sehen. Das Leben ist wundervoll unparteiisch. Eine indische Spruchweisheit lautet: „Der Regen des Himmels fällt auf Heilige wie auf Sünder."

Während ich dieses Buch schrieb, habe ich mich eine Weile in ein Kloster zurückgezogen, in dem ich auch meine Ausbildungskurse abhalte. Ich habe mich während dieser Zeit einer Fastenkur unterzogen, habe zwölf Tage lang nichts gegessen und nur Gemüse- und Fruchtsäfte getrunken. Diese Fastenkur in Verbindung mit der Stille und der Abgeschiedenheit hat mir mehr denn je das Gefühl universeller Einheit vermittelt. Diese Zeit der Einkehr hat mir übrigens nicht nur zu spiritueller Einsicht verholfen, sondern mich auch auf der materiellen Ebene erleichtert: um sieben Kilo überflüssigen Balast! Ob das eine das andere spiegelt?

Auch Ihnen, liebe Leserin und lieber Leser, bin ich sehr dankbar, denn Sie ermöglichen es mir, meine Mission und meine Lebensaufgabe zu erfüllen. Wenn niemand dieses Buch lesen würde, würde der Samen verdorren und keine Früchte tragen. Je länger ich lebe, um so intensiver erfahre ich die Einfachheit in allen Dingen – Einfachheit auch in der Bedeutung von *ein*fach, in dem Sinne, daß in Wahrheit nur ein einziges Prinzip existiert und das alles Übrige Variationen dieses einen sind. Ich habe das sehr starke Gefühl, daß etwas, das nicht einfach ist, nicht wahr sein kann.

Im Grunde gibt es nur *das*, was sich äußert, und das, was zum Ausdruck gebracht worden ist und was wir Geist und Materie nennen mögen – eine scheinbare Zweiheit, die jedoch in Wirklichkeit eine Einheit ist.

Im Jahre 1985 gründete ich die Firma *Heart Systems*, weil ich mir vorgenommen hatte, die spirituelle Dimension in der Welt der Wirtschaft und im Managment zu fördern. Ich betraute damals jemanden mit der Leitung dieses Unternehmens, der behauptete, einen direkten Draht zu Gott zu haben. Sechs Monate später und um 600000 belgische Franc ärmer kam ich zu dem Schluß, daß wahrscheinlich nicht Gott, sondern irgend jemand anders am anderen Ende der Leitung war.

Heute, zehn Jahre später, bin ich dabei, meinen Traum zu verwirklichen. Mit NLP habe ich das geeignete Instrument zur Vermittlung spiritueller Inhalte gefunden. Durch die Verbindung von Spiritualität und NLP läßt sich eine Effizienz erreichen, die ihresgleichen sucht. Sie ermöglicht, gleichzeitig eine gesunde Art von Erfolg und innere Ruhe zu erreichen, denn diese Methode verbindet Kopf und Herz des Menschen miteinander, stellt den Menschen in einen größeren Zusammenhang und erzeugt Harmonie. So geschieht alles sozusagen von (oder *vom*) *Selbst*. Ich versuche jetzt, diese Methode in Form offener Workshops, an denen jeder teilnehmen kann, zu vermitteln. Außerdem biete ich spezielle Kurse für Manager, Schulmediziner, Therapeuten, Regierungsbeamte und militärische Führungskräfte an. Ein so vielfältiges Publikum hätte ich mir noch vor kurzem nicht träumen lassen, doch scheint die Zeit reif zu sein, und die Mittel stehen bereit.

Ich möchte an dieser Stelle den Begründern des NLP und allen meinen Ausbildern danken. Ebenso danke ich allen, die mir bei der Entwicklung spiritueller Bewußtheit und bei deren Vermittlung geholfen haben.

Ihnen, liebe Leserin und lieber Leser, wünsche ich viel Erfolg bei Ihrer weiteren Entwicklung. Ich kann Ihnen nur wärmstens empfehlen, die Übungen zu machen, die in diesem Buch beschrieben werden, denn vor allem ermöglichen sie die Integration.

Ich möchte Ihnen noch einmal dafür danken, daß Sie dieses Buch gelesen haben. Ich wünsche Ihnen von ganzem Herzen, daß Sie die bewußten Schöpfer und Magier Ihres eigenen Lebens werden, denn das ist einem jeden von uns von Gott zugedacht. Zum Abschluß möchte ich meiner Hoffnung Ausdruck geben, daß Sie das Geschenk Ihres Lebens aus vollem Herzen und im Überfluß genießen mögen.